MÉMOIRES

SUR

L'AMÉLIORATION

DU COMMERCE MARITIME

DE LA FRANCE,

PAR LA COLONISATION

DE

LA GUYANE FRANÇAISE.

Les deux Mémoires suivans ayant été publiés à deux époques différentes, et l'un servant de suite à l'autre, en ce que l'un propose le projet, et l'autre les moyens de son exécution, nous avons cru devoir les réunir en un seul volume.

SECOND MÉMOIRE

RELATIF

AUX ANCIENS COLONS

DE SAINT-DOMINGUE,

SERVANT DE SUITE A CELUI QUI A POUR TITRE :

MÉMOIRE

SUR LE MOYEN

DE RÉPARER LES TORTS

FAITS AU COMMERCE DE LA FRANCE,

PAR L'INSURRECTION

DE L'ISLE DE SAINT-DOMINGUE ;

ET PROUVANT

LA FACILITÉ DE L'EXÉCUTION DU PROJET,
QUI Y EST PROPOSÉ.

PAR LE DOCTEUR WÜRTZ.

PARIS,

Chez TREUTTEL ET WÜRTZ, RUE DE BOURBON, N°. 17;

A STRASBOURG ET A LONDRES, MÊME MAISON DE COMMERCE.

1822.

AVANT-PROPOS.

IL est sans doute malheureux pour l'espèce humaine, que toute nouvelle idée, quelque utile et avantageuse qu'elle puisse être, éprouve toujours dans le commencement une contradiction et une résistance plus ou moins forte, de la part même de ceux, qui seraient le plus évidemment inté-ressés à l'adopter. C'est ce que nous voyons arriver dans les sciences, dans la politique, dans le sort des inventions et des découvertes, et jusque dans les branches de l'industrie, et dans les sources de la prospérité et des richesses nationales.

L'habitude étend son sceptre de fer même sur les domaines de l'esprit ; et tout ce qui contrarie une prévention ou un préjugé quelconque, quelque absurde et déraisonnable qu'il soit, est sujet à une opposition d'autant plus forte, que ce préjugé a été plus ou moins enraciné par le temps.

C'est en conséquence de cette vérité de faits, fondée sur la nature de notre organisation, que j'ai été également exposé à une pareille atteinte, après la publication de mon premier Mémoire relatif à MM. les anciens Colons de Saint-Domingue :

écrit rédigé déjà dans le mois de juillet de l'an 1819 ; mûri ensuite dans différentes conférences avec quelques respectables réfugiés de cette île, (dont l'expérience égale la sagacité) ; et communiqué ensuite à différens autres Colons. Car ce ne fut qu'après toutes ces discussions préliminaires, qu'il fut enfin livré à l'impression, et présenté au Gouvernement dans l'année 1820.

Or pour répondre aux différentes objections, dont il a été l'objet, sur l'impossibilité de la réussite de ce projet, et les difficultés insurmontables, qui se présenteraient à son exécution ; je me suis vu obligé de rédiger aussitôt ce second Mémoire, afin de donner un plus grand développement à mes idées ; de dissiper des préventions défavorables d'autant plus fortes, que différentes tentatives de ce genre avaient déjà échoué ; de rectifier quelques opinions erronées, accréditées par le temps ; et de prouver enfin non-seulement la possibilité, mais aussi l'extrême facilité, d'établir en très-peu de temps dans la Guyane, (regardée jusqu'ici comme presque inhabitable), sous les auspices d'un Gouvernement aussi sage et aussi éclairé que le nôtre, une colonie florissante, qui pourrait sous peu, rivaliser, ainsi que Surinam, avec les colonies les plus célèbres, et même avec peu de frais fondamentaux.

J'ai donc crayonné ces faibles idées, bien éloigné alors de pressentir, que j'aurais le bonheur de me

rencontrer un jour avec les intentions bienveillantes
de SA MAJESTÉ, dont le rapport de S. Ex. le
Ministre de la marine, publié dans le Moniteur
du 6 juillet 1821, m'a donné depuis une attestation officielle : et cet assentiment flatteur était pour
moi un nouvel encouragement à la publication de
ces idées.

Je souhaite, que le Gouvernement veuille les
accueillir, et qu'il puisse en juger quelques-unes
applicables, et propres à avancer le succès de
cette intéressante colonie. Sa sagacité lui en sug-
gérera le choix, étant plus à portée de se procurer tous les détails possibles sur les localités,
et tout ce qui concerne l'administration de cet
établissement.

On ne m'imputera pas, j'espère, la vaine présomption, ou la folle témérité de vouloir dicter
des mesures au Gouvernement. Ses lumières, la
justesse et l'étendue de ses vues, (se trouvant au
centre des affaires,) lui en feront sans doute dé-
couvrir de meilleures ; mais en qualité de citoyen
français, j'ai cru de mon devoir, de payer à ma
patrie le tribut de mes méditations sur ce sujet,
auxquelles j'ai consacré mes veilles ; dans la ferme
persuasion, que l'utilité générale qui résulterait
de la réussite de ce projet, ne pourrait pas être
achetée par trop d'efforts et de travaux.

Trop heureux, si je pouvais contribuer un jour,
par ceux-ci, pour quelque faible part à la pros-

périté publique : convaincu, que cette prospérité, dès qu'elle aura pris racine dans ce pays précieux, croîtra et augmentera en peu de temps ; et pourra être comparée à un arbre bienfaisant, dont les branches, devenues majestueuses, répandront non-seulement par leurs feuillages, une ombre salutaire sur toute leur circonférence ; mais dont les graines, transportées au loin par les vents, fructifieront à leur tour, et multiplieront ainsi ses bienfaits, sur d'immenses étendues de territoire.

SECOND MÉMOIRE.

PREMIÈRE PARTIE.

CONSIDÉRATIONS GÉNÉRALES
SUR LES COLONIES.

CHAPITRE PREMIER.

Parallèle entre Saint-Domingue et la Guyane française, sous le rapport colonial.

LORSQU'UNE population entière, estimable (1), paisible, utile et heureuse, a été obligée, par une épouvantable catastrophe, de quitter ses foyers pour se transporter dans d'autres climats, elle emporte avec

---

(1) « Les Créoles, dit l'abbé *Raynal*, ont naturellement de la pénétration, de la franchise, de l'élévation, et un certain amour de la justice, qui naît de ces belles qualités ». Voyez son *Histoire philosophique et politique des établissemens et du commerce des Européens dans les deux Indes.* Amst. 1773, vol. V, p. 250. D'autres détails y relatifs se trouvent dans des extraits du même auteur, ajoutés à la fin de ce Mémoire.

elle le dard qui lui a percé le cœur ; le sentiment de
son malheur la poursuit partout ; il lui devient même
plus insupportable par le contraste de son ancienne
prospérité ; celle-ci se retrace sans cesse à sa mémoire, la fatigue constamment, et amortit à la fin,
totalement son énergie.

Cette population erre alors de contrées en contrées,
pour y retrouver son bonheur perdu et l'oubli de ses
peines, et finit par se persuader, qu'elle ne peut plus
le recouvrer que sur le même sol, qui fut autrefois témoin de sa félicité. Quelques avantages qu'on
lui présentera, ils ne lui paraîtront jamais compa-
rables à ceux dont elle avait joui autrefois, parce
qu'elle a conservé le souvenir de ceux-ci, sans avoir
encore la même persuasion des autres.

C'est ce que nous voyons arriver, en partie, à un
très-grand nombre de MM. les anciens Colons de
Saint-Domingue, et ils prouvent, avec la plus grande
évidence, la vérité de ce beau vers de Tancrède :

A toute âme bien née, que la patrie est chère !

Séparés de leurs anciennes propriétés par des obstacles toujours plus insurmontables ; éloignés toujours de plus en plus de tout espoir de rentrer dans
leurs foyers, de réduire leurs anciens cultivateurs
sous leur première domination, et de renverser un
trône établi sur les bases d'un gouvernement popu-
laire, ils désespèrent presqu'entièrement de leur sort
futur ; ils croient le retour à leur ancienne prospérité

perdu pour toujours, et s'abandonnent à mille idées,
dictées plutôt par le désir de se retrouver dans leur
patrie, que par des vues et des principes dignes d'un
gouvernement sage et éclairé.

Sans doute le souvenir des localités, celui des contrées fertiles qu'ils avaient si souvent parcourues, et des
sites agréables et variés, qui y avaient réjoui leur vue;
celui de leurs anciens amis, qu'ils pourraient peut-être
y rencontrer encore; celui de leurs affranchis et de
leurs anciens cultivateurs, qui peut-être leur sont encore attachés, par la reconnaissance des soins, dont ils
ont été autrefois l'objet; tous ces souvenirs, dis-je, doivent les y attirer de préférence; mais dès qu'ils feront
la réflexion, que, dans ce long intervalle de temps, tout
y a changé de face, et y a pris une teinte différente;
que les hommes, de même que les choses, ne sont plus
les mêmes; que leurs propriétés ne se ressemblent plus;
qu'elles ont passé en plusieurs autres mains, dont il
serait difficile de les arracher; qu'elles sont actuellement divisées, morcelées, et pour ainsi dire, dénatu-
rées; que l'esprit public y est altéré et totalement op-
posé à l'ancien; que le sol même n'y est plus aussi
productif; qu'il est entièrement négligé et demande
une restauration totale et foncière; et que de plus
les nègres ne voudront plus se soumettre à leur ancien
joug; ils reviendront bientôt de leur opinion erronée,
et ils béniront avec enthousiasme le Gouvernement
paternel, qui voudra bien les dédommager en partie de
leurs longues souffrances, et de la privation du pro-

duit de leurs terres pendant près de trente ans ; par la concession d'autres terres, qui pourront les reporter en peu de temps dans leur ancien état de prospérité, et avec des avantages beaucoup plus sûrs, que ne leur en aurait offert *actuellement* Saint-Domingue : cette indemnité (la seule possible dans les circonstances présentes), ne pouvant annuler, en aucune manière, leurs anciens droits sur leurs propriétés respectives dans cette île, dont aucun titre *légal* ne les a privés, (ainsi que je l'ai dit dans mon premier Mémoire, pag. 18).

Le commencement en sera sans doute pénible et difficultueux, comme celui de tout nouvel établissement ; mais ces premières peines se compenseront dans la suite avec beaucoup d'usure, par la fertilité d'un terrain vierge et la tranquillité, dont ils en jouiraient ; vu qu'ils seraient en possession de propriétés, dans la culture desquelles aucune autre personne ne pourrait les troubler ; et qu'ils n'auraient pas à vaincre constamment mille obstacles civils et politiques, qui, en empoisonnant leurs travaux et leurs jouissances, altéreraient cette harmonie complète, qui régnerait parmi eux à la Guyane, et qui serait toujours contrariée à Saint-Domingue, par d'autres maîtres qu'ils auraient dépossédés.

Car il n'y a aucun doute, que les possesseurs actuels des ces mêmes terres, s'en voyant dessaisis, se permettraient toujours mille outrages et mille invectives, pour vexer, chagriner et tourmenter les anciens propriétaires ; et cela avec d'autant plus d'audace,

(5)

qu'ils auraient toujours leurs compagnons pour aides.

L'on sait, qu'il y a beaucoup de préjugés contre la Guyane, accrédités sur parole, et répandus aveuglément sans aucun examen ; mais ces préjugés se dissiperont comme des nuages, dès qu'on se donnera la peine de les analyser et de les approfondir.

Or, sans entrer ici dans des raisonnemens politiques, sur la possibilité de reconquérir St.-Domingue, surtout dans ce moment, où toute la partie française de cette île, ne forme plus qu'une seule république ; sans peser les immenses difficultés, qui se présentent pour y parvenir par la force des armes ; et sans scruter, si les habitans d'Aïti se résoudraient, après trente ans de liberté, et après avoir travaillé pour leurs propres intérêts, s'ils se résoudraient, dis-je, à retravailler pour le compte de leurs anciens maîtres, et s'ils voudraient changer leur organisation politique actuelle, contre celle, sous laquelle ils avaient vécu autrefois ; sans entrer, dis-je, dans aucune de ces discussions, je vais supposer pour un instant, (afin de calmer les regrets de quelques Colons), que Saint-Domingue fût entièrement disponible, et qu'ils eussent le libre choix entre cette île et la Guyane, et examiner lequel des deux territoires leur serait le plus avantageux, dans les circonstances actuelles.

Pour éclaircir cette question et en peser le pour et le contre, avec toute l'exactitude et l'impartialité possibles, examinons d'abord les avantages et les désavantages de chacune.

Une considération, qui mérite certainement de fixer l'attention, relativement à la Guyane, est : qu'on pourra plus aisément y faire usage de la *charrue*, qu'on ne l'a pu à Saint-Domingue ; vu que, d'après le rapport de plusieurs Colons, il y a dans cette île un très-grand nombre d'endroits, où la bonne terre végétale, fertile et fructifiante, a très-peu de profondeur au-dessus du tuf ; et paraît être un limon, que la mer avait déposé autrefois, dans une de ces grandes révolutions de la terre (1), sur des montagnes arides ou sur des rochers ; et où, en inondant leurs immenses vallées ou plaines, elle a laissé leurs sommets ou plateaux à découvert ; lesquels sont devenus par là pour nous des îles.

Ce limon paraît devoir sa qualité fertilisante à la quantité de substances végétales et animales, putréfiées dans la mer ; parmi lesquelles il y a beaucoup de parties grasses et huileuses, lesquelles, combinées avec le sel marin, nagent à sa surface, se déposent sur les terres que la première baigne ou inonde, et leur communiquent une espèce de principe savonneux, qui hâte la végétation (2).

---

(1) Voyez l'abbé *Raynal*, Histoire philosophique et politique des établissemens et du commerce des Européens dans les deux Indes. Amsterdam, 1773, vol. IV, p. 2, 3.

(2) Cette hypothèse : Que la fertilité de Saint-Domingue provient de ce limon, paraît acquérir un degré de probabilité de plus, par une assertion de M. *Malouet,* qui dit avoir trouvé,

Le peu de profondeur de cette terre fertile ou de ce limon, y rendait donc l'usage de la charrue peu praticable : usage cependant si précieux dans toutes les cultures, et qui épargne les deux tiers des ouvriers ou cultivateurs, lesquels deviennent nécessaires sans elle : et si MM. les Colons de Saint-Domingue ne l'ont pas employée, ce n'était certainement pas par défaut de la connaître.

Car quelques-uns d'entre eux en avaient essayé l'emploi; mais s'il eût été *généralement* praticable, d'autres Colons n'auraient assurément pas manqué de suivre un exemple aussi salutaire ; et ce seul fait prouve l'impossibilité de son usage dans la plupart des terres, dont rien ne paraît avoir été la première et principale cause, que le peu de profondeur de la bonne terre végétale, fertile et fructifiante.

Au défaut de la charrue, les Colons ont donc été réduits à la nécessité d'y suppléer par un si grand nombre de nègres, et de les acheter à si grands frais ; nègres, dont le labourage (surtout à la houe), a été le travail le plus fatigant; celui qui les a le plus épuisés sous un ciel brûlant, et qui les a exposés par là bien souvent à périr, au grand dommage des propriétaires.

Qu'on se représente en effet un fermier de nos contrées, qui aurait quatre ou cinq cents arpens à cultiver

---

que les meilleures terres à la Guyane, étaient celles, qui sont le plus souvent exposées à des marées et à des débordemens de la mer.

avec soin , et où il ne voudrait pas laisser un seul pied de terrain inculte, ou sans en tirer quelque bénéfice ; s'il était privé de la charrue, et de nos autres instrumens aratoires , quelle quantité de bras et d'ouvriers ne lui faudrait-il pas pour labourer en temps convenable et propice, c'est-à-dire, *à la fois*, par les seules forces d'hommes, cette grande étendue de territoire, afin d'en tirer le parti désiré ? tandis que cinquante ou soixante ouvriers par an, peuvent lui suffire en Europe, à l'aide de la charrue.

Ce grand nombre de nègres n'était donc nécessaire aux ci-devant Colons de Saint-Domingue, que pour suppléer principalement à la charrue.

De plus, ils n'ont pu employer pour des ouvrages aussi pénibles, que des esclaves, arrachés par une humanité éclairée (1), à un autre esclavage mille fois plus affreux en Afrique, où ils avaient éprouvé le sort le plus horrible, et où, après avoir été fait prisonniers de guerre, ils avaient couru le risque à chaque instant, d'être (d'après les usages barbares de ce pays, et les droits de vie et de mort, que les chefs africains se sont arrogés sur leurs captifs), d'être, dis-je, égorgés, et

---

(1) Il est aujourd'hui constaté, par des observations multipliées , notamment par celles de *Mungo-Park*, qui vient de parcourir *en philosophe*, l'intérieur de l'Afrique ; qu'en achetant des esclaves dans cette partie du monde, on les soustrait à une mort certaine, ou à des traitemens pires que la mort. Voyez M. *Malouet, Collection de Mémoires sur les Colonies*. Paris, an X, vol. IV, p. 73.

(ce qui fait frémir la nature), mangés par leurs semblables (1).

L'on prétend faussement et arbitrairement, que ces sauvages africains ne se font la guerre, que pour pouvoir vendre des esclaves ; et qu'en défendant la traite des nègres, ils cesseraient leurs hostilités : mais aux moindres difficultés qui surviennent entre eux, ils se mettent en campagne pour les vider de cette manière. Et n'y a-t-il donc point d'autres motifs pour se faire la guerre, que la traite des nègres ? Les diverses passions et les vices de l'homme, l'égoïsme, l'amour-propre, la jalousie, l'orgueil, la cupidité, le despotisme, l'esprit de conquête et l'envie d'étendre sa domination, (ce terrible fléau du repos des nations), etc., pourraient-elles être étrangères à ces nations barbares, immorales et cruelles, qui ne connaissent d'autres lois que leur volonté, et d'autres moyens d'exécution que la force (2)?

─────────

(1) Surtout par les *Mondongues*, les *Bambara*, et autres peuples anthropophages, qui, d'après les relations de leurs propres compatriotes, font limer exprès leurs dents incisives en pointes, afin de pouvoir mieux savourer leurs cruautés, en les dévorant.

Lorsqu'on a reproché à l'un d'eux sa férocité, il a répondu : Nous ne trouvons rien de plus doux, que la chair de nos ennemis !

(2) Il a paru en Angleterre la traduction française d'un ouvrage intitulé : *le Cri des Africains ;* dont l'éloquence est dirigée avec une extrême véhémence contre la traite des

Et pourquoi se fait-on la guerre en Europe? est-ce pour faire et vendre des esclaves? et ces peuplades féroces

---

nègres; ouvrage, dans lequel son auteur lui impute, comme cause première, toutes les horreurs qui se commettent en Afrique; tandis qu'elles n'ont leur source que dans le caractère national féroce et barbare des habitans de ces contrées; dans leur éducation, leurs mœurs, leurs lois et leurs gouvernemens; caractère, que les négriers, qui ne restent pour la plupart que sur les côtes, ne peuvent pas changer, ni corriger, ni éteindre, et qui subsisterait toujours le même, quand même la traite avec aucun peuple du globe, n'aurait plus lieu; mais qui n'agirait alors qu'avec plus de fureur, contre ces malheureuses victimes, que la traite, comme remède bienfaisant, soustrait à leurs passions violentes et féroces.

L'auteur y rapporte les faits avec la juste indignation qu'ils méritent; et l'accent avec lequel il les expose, honore son caractère : mais il nous semble qu'il se trompe sur leurs véritables causes, faute de s'être donné la peine d'approfondir les premiers principes des actions humaines; lesquels résident dans le cœur et dans le caractère, qui les dirigent toutes par la volonté, et dont les faits ne sont que les conséquences.

Fit cum hoc, sed non propter hoc.

Car il est évident, que si leur caractère n'était pas aussi barbare, pour qu'ils se vendissent entre eux-mêmes au premier venu, (indépendamment des marchands négriers), il n'y aurait point de traite. Ce sont donc ceux, qui mettent au marché leurs propres compatriotes, qui sont les véritables criminels. Car ce ne sont ni les négriers, ni aucun Européen, qui rendent qui que ce soit, esclave.

L'auteur, après nous avoir dépeint les cruautés et les atro-

pourraient-elles être plus paisibles que nos nations européennes, soi-disant civilisées ?..... et religieuses ?

---

cités, qui se commettent sur le sol de l'Afrique ; atrocités commises par les seuls nègres sur leurs semblables, ne nous a pas tracé en même temps, pour nous convaincre de son impartialité, le véritable tableau de l'amélioration de leur sort dans les colonies : il s'efforce, au contraire, de nous peindre celui-ci sous une forme hideuse (p. 56), absolument démentie par les *faits* ; (ainsi que nous le prouverons à la fin de ce Mémoire). Il nous présente donc seulement le mal supposé, et non pas le bien réel de la traite ; son ombre, et non pas la lumière, qui doit toujours l'accompagner ; le contre, et non pas le pour ; et il nous insinue par là, sans s'en douter, un poison , en nous en cachant soigneusement le contre-poison ; ce qui peut le faire soupçonner d'une certaine partialité nationale intéressée.

Je serai donc obligé d'y suppléer dans le courant de ce Mémoire.

Si les bornes de cet écrit pouvaient me le permettre, je développerais plus en détail les fausses interprétations et le faux point de vue, sous lequel cet auteur, d'ailleurs fort estimable, mais entraîné par sa prévention, et son dessein formel de peindre le commerce des nègres, sous les couleurs les plus noires, les plus révoltantes, et les plus propres à atteindre son but, s'est plu, en torturant la question , à nous représenter l'historique de ces faits.

Je ne puis cependant pas me dispenser de relever quelques-unes de ces fausses interprétations.

L'auteur attribue, par exemple, les guerres qui se succèdent continuellement dans cette malheureuse Afrique, et tous les maux qui s'ensuivent, exclusivement à la traite (parce

Les Colons de Saint-Domingue n'ont donc pu employer pour ces labours surtout, que des nègres

---

que c'est le but de son ouvrage), comme si le seul mobile
des actions humaines ne pouvait être que l'intérêt, et comme
si les passions n'étaient pas beaucoup plus fortes que lui! tandis
que cependant la traite n'est que l'*effet* naturel de ces guerres,
et que de son propre aveu (p. 3), Mungo-Parck en développe
les véritables motifs, qui sont :

Des haines héréditaires de nation à nation, de tribu à tri-
bu, de village à village, et souvent d'une famille à une autre.

Ce sont donc ces haines indestructibles dans leurs cœurs
féroces, absolument indépendantes de la traite, et qui datent
de temps immémorial, puisqu'elles sont même *héréditaires*,
qui alimentent sans cesse parmi eux cette succession non in-
terrompue d'hostilités; lesquelles, exaspérées par les alterna-
tives de succès, et envenimées par des défaites, et les atrocités
qui s'y commettent, entretiennent parmi eux cette série inter-
minable de représailles continuelles, sans cesse renaissantes de
leurs cendres, « qui ne font (d'après l'assertion de M. Bryan-
Edwards, planteur à la Jamaïque, rapporté p. 11, de notre
auteur), d'une grande partie du continent africain, qu'un
vaste champ de carnage et de désolation; une forêt où les
habitans se déchirent entre eux; un théâtre de fraude, de
pillage, d'oppression et de sang. »—Et c'est dans un semblable
pays, patrie des anthropophages, que notre auteur ose affir-
mer, (p. 56), que l'esclavage est un *paradis* de délices, en
comparaison de l'esclavage des colonies ! ! !

Au moins aucun maître européen n'a le droit de vie et de
mort sur ses esclaves, comme l'ont ceux de l'Afrique !

Or, ces passions haineuses et destructives ont-elles quelque
rapport avec l'esprit de spéculation? et ne subsisteraient-elles

attachés à l'habitation pour la vie, et sur le travail desquels ils pouvaient indubitablement compter;

---

pas également dans la cœur de ces peuples avides de sang, quand même la traite n'aurait plus lieu? Est-ce qu'ils n'emmeneraient pas également leurs prisonniers de guerre chez eux, pour les traiter en esclaves (et beaucoup plus durement que parmi les Colons), lors même qu'il n'y aurait plus de marchands négriers?

Ces derniers n'en sont donc point la cause première, mais uniquement ces guerres, par lesquelles ils font toujours des prisonniers, et conséquemment toujours des esclaves, dont le nombre, sans cesse croissant, a besoin d'un débouché, pour ne pas bouleverser tout-à-fait le pays; besoin, dont les négriers ne font que profiter, à l'avantage des colonies.

La preuve, que l'intérêt est absolument étranger à ces effusions de sang continuelles, est : qu'ils mangent eux-mêmes leurs victimes, qu'ils pourraient vendre pour en tirer du bénéfice; ce qui démontre en même temps clairement le sentiment, qui est le véritable motif de leurs combats sanglans, motif, auquel les négriers n'ont aucune part.

Ce sont donc ces sentimens nationaux, haineux, antiques et héréditaires, qui sont les véritables causes de ces guerres de représailles et de vengeances, qui désolent perpétuellement ces malheureuses contrées; l'esclavage n'en est que la suite immédiate, et la traite en est un *effet* nécessaire, pour soustraire tant de malheureux à une mort certaine.

Elle n'est pour les indigènes qu'un accessoire, dont ils profitent accidentellement lorsqu'elle est à leur portée; pour se débarrasser d'un grand nombre d'individus, dont ils n'ont pas besoin pour leur usage domestique, dont l'entretien leur deviendrait à charge, et que, si les négriers européens ne les

parce qu'un homme libre n'aurait jamais consenti à s'assujettir à des travaux aussi pénibles et suivis : de

---

achetaient pas, ils vendraient à des marchands asiatiques, ou africains, (comme nous le dirons dans la suite), ou à leurs compatriotes, ou qu'ils garderaient à leur propre service, ou qu'ils finiraient par tuer, ou laisser périr d'inanition *.

Ainsi l'abolition de la traite n'empêchant en aucune manière, chez eux, leurs guerres de haine et leur effet naturel, l'esclavage, ne rendrait au contraire celui-ci que plus dur et plus insupportable.

Un autre genre de guerres, qui se fait très-fréquemment dans ce malheureux pays, est celle de brigandage, de vol et de pillage, qu'on appelle dans le langage du pays *Tégria*, et qui est produite par la cupidité et l'envie de s'approprier les biens et la fortune de leurs voisins ; où des bandes armées se précipitent nuitamment sur des villages, prennent tout ce qu'elles rencontrent, hommes et choses, et emmènent les habitans avec tout ce qui leur appartient, pour les transporter chez eux. (Voyez ouvrage cité, pag. 2, 3.)

Mais ces excursions nocturnes auraient également lieu dans tous les pays européens, si la vigilance des gouvernemens ne s'y opposait ; quoiqu'il n'y ait point de traite parmi nous : conséquemment ce n'est pas celle-ci, qui les y provoque, mais le seul amour du pillage. Ces brigands vendent alors le superflu de leurs dépouilles, c'est-à-dire les hommes, leurs semblables,

---

* L'auteur du Cri des Africains dit, p. 55 « Qu'il y a très-peu d'esclaves en Afrique. » Mais c'est, parce qu'ils vendent toujours leur superflu. N'ayant point d'industrie, ils n'ont pas besoin de beaucoup d'ouvriers, dont la nourriture leur deviendrait trop dispendieuse ; conséquemment ils les vendent, ou ils les tuent ! et leurs guerres perpétuelles leur en fournissant plus qu'ils ne peuvent nourrir, il ne leur reste que ces deux expédiens.

manière que le maître et le succès important de
sa culture, auraient toujours dépendu de ses caprices,

(dont l'entretien leur coûterait trop) à des négriers, soit
asiatiques, soit européens, soit africains, s'il s'en trouve; si
non, ils les vouent à la mort, pour se soustraire par là à leur
vengeance.

Ce n'est donc point par l'abolition de la traite, qu'on pourrait
remédier à tous ces maux; car ils n'en deviendraient que
plus graves, aussi long-temps que le caractère national des
Africains, leurs mœurs, leurs lois et leurs gouvernemens sub-
sisteraient.

L'auteur, pour appuyer sa supposition, prétend arbitrairement (p. 52) « que si jamais un négrier n'avait mis le pied
sur le sol de l'Afrique, il n'y aurait que *très-peu* d'Africains
réduits en esclavage ». Mais où a-t-il pris les preuves de cette
assertion gratuite, puisqu'ils se vendent et se gardent comme
tels, entre eux-mêmes? Où en sont les documens historiques, puisque de son aveu (préface, p. 3) il en existait
déjà avant Moyse, et qu'il cite un passage de l'Écriture-Sainte,
dans lequel il est dit : « Que dès qu'un marché d'hommes fut ou-
vert en Égypte, les frères de Joseph s'emparèrent de lui, et
le vendirent à des marchands égyptiens. » Il existait donc
déjà alors des marchés entiers d'hommes, par les usages et
les lois de leur pays! Et comment pourrait-il connaître l'état
de l'intérieur de l'Afrique avant cette époque antique, tandis
que nous ne le connaissons qu'à peine à présent, et que les
Romains, plus voisins de l'Afrique que nous, ne le connais-
saient pas plus, d'après son aveu, que l'Amérique elle-même,
qui alors n'était pas encore découverte (p. 23)?

Il n'a donc pu puiser cette assertion déclamatoire, que
dans son imagination!

et que le propriétaire n'aurait jamais pu compter sur une récolte assurée.

L'auteur appelle de plus (p. 11), les Indes occidentales la patrie de l'esclavage. Mais est-ce de là, qu'on les retire pour les conduire en Afrique ? Est-ce là , où on change des hommes libres en esclaves ? Est-ce là , où on les a conquis par les lois de la guerre ?

Il reproche encore à la traite (p. 52 et autres), qu'elle a corrompu la jurisprudence africaine , en ce que celle-ci condamne des malfaiteurs à l'esclavage ! Mais est-ce qu'en Europe on ne les condamne pas également à la chaîne, aux galères, et aux travaux forcés ?

Ainsi l'auteur veut, pour quelques intérêts commerciaux, (que l'on semble voiler astucieusement sous ceux de l'humanité), abolir, par de vains systèmes, un ordre de choses, dont l'origine date peut-être déjà d'époques, qui sont hors de la portée de nos connaissances; et dans lequel maîtres et serviteurs se sont trouvés heureux (voyez l'Extrait de M. *Malouet,* ajoûté a la fin de ce Mémoire), sans quoi il aurait déjà été changé depuis des siècles.

Convenons donc finalement : qu'on a bâti cet échafaudage de raisonnemens , non pas sur la chose, mais sur le seul mot effrayant *d'esclave ;* lequel réduit, chez les nations civilisées, à sa véritable signification, ne veut dire que *serviteur à vie.* Car en Afrique ils étaient esclaves réels, et dans les colonies ils ne sont que serviteurs et cultivateurs; dont les maîtres sont subordonnés aux lois civiles de leur Gouvernement; et dont ils sont les patrons et les conservateurs, tandis que ceux de l'Afrique étaient leurs destructeurs.

Et cette qualité de cultivateurs est-elle contraire à l'ordre divin, civil ou moral, surtout lorsque par cet ordre, on amé-

La terre de la Guyane est au contraire une terre *continentale* (comme la nôtre), dont la surface fertile et propre à la culture, a plusieurs pieds de profondeur, et est en conséquence *facilement* labourable par la *charrue* (1) et maniable par tous les autres instrumens aratoires, inventés en Europe pour le perfectionnement de l'agriculture (2).

Elle peut, par là, être traitée par un nombre infiniment moins grand de cultivateurs ou d'ouvriers; ce qui, en diminuant de beaucoup les dépenses, épargne leur temps, réduit leur fatigue presqu'à rien, et empêche par là leur mortalité, survenue quelquefois par épuisement.

Le restant de leurs travaux se réduit à peu près à

---

liore non-seulement le sort du maître et du serviteur, mais qu'on contribue encore enfin à la prospérité de nations entières? — (La suite se trouve à l'*Appendice*).

(1) Elle l'est d'autant plus, que c'est un pays, pour la plus grande partie, plat, et beaucoup moins montagneux, que l'est surtout la Martinique et la Guadeloupe.

(2) On pourra consulter sur ces instrumens un ouvrage intéressant, intitulé : *Collection de machines, instrumens, ustensiles, constructions, appareils*, etc., employés dans l'économie rurale, par M. le comte *de Lasteyrie*, (où l'on trouvera beaucoup d'outils, qui épargnent bien du temps et de la sueur aux cultivateurs): ainsi que celui qui a pour titre : *Recueil des machines, instrumens et appareils qui servent à l'économie rurale*, par M. *Le Blanc*, etc.

celui de nos cultivateurs et de nos jardiniers européens; celui des sucreries excepté, lequel peut être
comparé à celui de nos grandes manufactures.

Tous ces ouvrages pourront conséquemment être
également bien exécutés par des *blancs;* ce qui est un
avantage inappréciable, surtout depuis la loi, qui sup-
prime la traite des nègres.

Saint-Domingue était de plus très-souvent exposée
à la sécheresse, surtout dans la partie située à
l'ouest, au sud-ouest (1); tandis qu'à la Guyane,
les pluies qui durent pendant tous nos mois d'hiver,
et la quantité de rivières, dont ce pays est traversé,
laissent pour les autres mois, au terrain une humidité et une fraîcheur favorables, qui semblent épar-
gner pendant toute l'année, les irrigations.

La qualité de la terre dans la Guyane est de plus
si éminemment bonne dans un grand nombre d'endroits, que M. l'administrateur à Cayenne marque
dans son rapport au Ministre de la marine (2) : « Que
» surtout entre la Mana et le Maroni » (où S. M. se
propose sans doute de faire le premier établissement),
« le terrain, accessible et maniable, est tel, qu'il est
» rare de rencontrer sur le *globe* des espaces aussi
» étendus, présentant autant d'avantages à la popula-
» tion et à l'industrie »; et *M. Malouet* confirme ces

---

(1) *Malouet*, Collection de Mémoires sur les Colonies.
Paris, an X, vol. IV, pag. 102.

(2) Voyez le Moniteur, 6 juillet 1821.

mêmes assertions en beaucoup de passages de son excellent ouvrage sur la Guyane (1).

La seconde infériorité que la terre de Saint-Domingue offre comparativement à celle de la Guyane, est que, par sa culture assiduement suivie, et pour ainsi dire forcée, depuis près de deux siècles, elle commence à être fatiguée et *usée ;* que les récoltes y deviennent toujours moins abondantes, et qu'elle est menacée du même sort, qui a frappé d'autres colonies, au bout de quelques siècles.

Car tout dans la nature, et surtout la force végétative, offre entre autres analogies remarquables, celle des différentes époques de la vie humaine. Tout a sa période d'ascension, c'est-à-dire, de jeunesse, de première vigueur et de son premier feu ; ce feu se soutient jusqu'à la virilité, après laquelle il diminue progressi-

---

(1) Intitulé : *Collection de Mémoires sur les Colonies.* Paris, an X, en cinq volumes.

La justice exige, que je rende ici l'hommage le plus éclatant au mérite supérieur de M. *Malouet ;* ancien Colon de Saint-Domingue ; puis administrateur de Cayenne et des colonies , et Ministre de la marine.

Philanthrope zélé, observateur exact, judicieux et profond ; administrateur sage et éclairé ; homme d'État consommé ; il a justifié à tous les égards la confiance, dont le Gouvernement l'avait honoré ; et il a rempli avec intégrité, humanité, le plus grand patriotisme, et avec les vues les plus fines et les plus justes, la tâche dont il l'avait chargé. —La postérité jouira du fruit de ses observations, et sa reconnaissance éternisera sa mémoire.

vement, décline et avance peu à peu vers la caducité et le dépérissement : c'est ainsi que dans la terre les sels fructifians s'épuisent (1) à la longue, et quoiqu'on les entretienne par des engrais, comme on entretient la vie d'un vieillard par une bonne nourriture, cependant dès que la force primitive et radicale s'éteint, celle-ci ne peut plus la rétablir.

Les mines souterraines les plus riches finissent par être épuisées, et leur filon disparaît au bout de plusieurs siècles. — Tout parcourt ainsi son commencement et son développement, parvient à son plus haut degré de perfection (ou de prospérité), et finit par la décadence. Tel est le sort des fortunes, des empires, des nations, des sciences et des arts (2) : et il en est ainsi de la force végétative. C'est la roue du temps, par laquelle tout est entraîné !

Quoique cette décadence soit si imperceptible pendant la vie d'un homme (qui est lui - même entraîné par cette roue); parce qu'elle ne s'opère qu'au bout de plus ou moins de siècles, on l'aperçoit cependant aisément, en jetant un coup d'œil général sur l'ensemble des grands événemens; en planant sur

---

(1) Cet épuisement a plutôt lieu dans les îles, dont la terre végétale a peu de profondeur, que dans les terres continentales, qui communiquent avec la force vitale de tout le continent.

(2) Lesquels changent heureusement de pays, et semblent faire le tour du monde.

la série des temps, et en observant soigneusement la grande régularité de leurs changemens successifs.

Si donc le sol de Saint-Domingue promet encore quelques restes de son ancienne fertilité, celui de la Guyane, présentera au contraire le premier feu, la première énergie et la première activité de la jeunesse, et dédommagera promptement les Colons au centuple de leurs anciennes pertes et de leurs regrets. La Guyane sera à son aurore, pendant que Saint-Domingue est à son couchant.

Celle-là non encore usée, offrira un terrain continental, vierge, frais et neuf, plein de sucs et de vigueur, qui n'avait encore éprouvé aucune culture, et qui, lorsqu'il sera mis en mouvement par celle-ci, hâtera sa végétation, animée par un ciel brûlant, avec une ardeur au delà de toute espérance; et les plantes y pomperont leur sève avec une vivacité qui promettra aux Colons les récoltes les plus abondantes. Celles - ci se soutiendront ainsi (sans déchoir), pendant plus d'un siècle, et enrichiront conséquemment encore, pendant nombre de générations, la métropole, par une prospérité toujours croissante, sous les auspices de cultivateurs bien exercés, entendus et industrieux, au grand étonnement de la mère-patrie.

Car si les Colons de Saint-Domingue ont pu procurer à cette mère-patrie des avantages aussi considérables (ainsi que je l'ai prouvé dans mon premier Mémoire), par un terrain en déclin et tendant peu à peu à l'épuisement, quels succès ne pourront-ils pas obtenir sur un sol neuf, qui est dans sa première sève, et qui jouit encore de tout le feu de la jeunesse ? Ils enrichiront la France (de même que Surinam enrichit la Hollande), par une culture toujours plus productive, et y rendront le commerce en peu de temps peut-être encore plus florissant, qu'il ne l'a jamais été.

Mais aux inconvéniens *physiques* mentionnés, qui ont lieu à Saint-Domingue, il se joint encore une cause *morale*, qui devrait faire hésiter MM. les Colons à se rétablir dans leurs anciennes propriétés. C'est le levain contagieux et le germe d'insubordination, de désobéissance et d'insurrection, dont leurs anciens cultivateurs sont encore imprégnés, et qui, lorsqu'il a pris racine chez un peuple contre un autre, ne se laisse extirper, qu'avec beaucoup de difficultés et de dangers. Ce germe restera toujours fixé dans son cœur, et supposé même, qu'on eût réduit ces cultivateurs sous nos lois, et sous l'ancien ordre de choses, il n'est guère probable, qu'ayant vécu si long-temps libres, et après en avoir pris l'habitude, ils voulussent se soumettre à un autre genre de vie, à d'autres mœurs, à d'autres usages, et s'assujettir à un travail assidu (1) : et au premier mécontentement de leur part, ce germe d'insurrection et de révolte,

---

(1) Car le nègre fait consister sa liberté en la faculté de ne rien faire ; penchant, qu'il peut aisément satisfaire à Saint-Domingue, vu que le sol lui offre des ressources abondantes pour satisfaire tous ses premiers besoins.

qui a été fomenté, alimenté et fortifié depuis, par mille insinuations et moyens politiques, et qu'ils avaient nourri pendant trente ans dans leur âme, éclaterait tout d'un coup de nouveau, par une explosion violente, et cela avec d'autant plus de témérité, qu'elle leur avait déjà réussi : ou s'ils voyaient la colonie prospérer dans la suite, ils s'en empareraient encore une fois, pour s'enrichir de ses dépouilles, et la vie des Colons serait conséquemment sans cesse en danger. Il faudrait les forcer aux mêmes travaux, auxquels ils ont été habitués autrefois ; habitude, qu'ils ont actuellement perdue, et qu'ils ne reprendront plus.

De manière qu'il n'est nullement vraisemblable, qu'on pût jamais reporter cette colonie à l'état brillant, productif et florissant, dans lequel elle s'est trouvée autrefois.

De plus, à Saint-Domingue il faudrait, à défaut de la charrue, beaucoup de nègres, à cause de la dureté des travaux ; ce qui emporterait un capital considérable ; capital, dont on n'aurait pas besoin à la Guyane (ainsi que nous le prouverons dans la suite). Car on pourrait faire exécuter tous ces travaux par des *blancs*, qu'on louerait à gages, ou à telles autres conditions, qu'il plairait aux nouveaux Colons, pour tout le temps nécessaire, et qu'ils pourraient renvoyer aussitôt qu'ils en seraient mécontens ; ce qui les dispenserait en même temps de l'obligation de toute autre punition ; comme on le fait à l'égard de nos ouvriers dans les manufactures.

On pourrait les attacher à la culture et aux intérêts des propriétaires, par des engagemens légaux, faits avec toutes les formes judiciaires.

La Guyane offre encore un autre avantage inappréciable qui manquait à Saint-Domingue; en ce que, lorsqu'il était survenu une guerre entre la France et une puissance maritime, les relations de cette île avec les continens étaient totalement interceptées et anéanties pendant toute la série d'années, que cette guerre avait duré; ce qui avait occasioné à ses habitans des pertes incalculables : tandis que la Guyane ne peut jamais être exposée à cette chance, puisque, par les ressources territoriales, nécessaires pour tous les premiers besoins de la vie, elle pourra non-seulement se suffire à elle-même en temps de guerre, mais que sa position lui laissera encore une grande latitude et beaucoup d'autres ressources, pour le commerce continental avec le reste de l'Amérique (1); ce qui mettra naturellement ses habitans pour toujours à l'abri de ces énormes pertes, et de la stagnation totale de leur commerce.

Ajoutons à cela que, comme il n'est guère probable, que les nations voisines de la Guyane, telles que les Hollandais, les Portugais et les Espagnols soient impliquées toutes en même temps dans la guerre des

---

(1) Comme le commerce intérieur de l'Europe n'a pas tari, lorsque pendant la dernière guerre le commerce maritime était obstrué.

Français, les Colons de la Guyane pourront toujours par leur moyen entretenir leurs relations commerciales, si non immédiatement, au moins médiatement avec la métropole; de sorte qu'elles ne seraient jamais interrompues.

Tout prouve donc les grands avantages qu'il y aurait, sous tous les rapports, pour la France et MM. les Colons, si *Sa Majesté*, dans sa bienveillance paternelle, daignait favoriser l'établissement des derniers dans la Guyane, en leur accordant des concessions sur le vaste terrain inculte, qui se trouve encore dans cette province-colonie, et en l'encourageant par tous les autres secours et ressources, qui se trouveront dans son pouvoir seul (1), et auxquels des Français, qui avaient tant mérité autrefois de la prospérité publique, par leur industrie et leur utilité générale, auront les plus grands titres à aspirer.

CHAPITRE II.

De l'Établissement lent et progressif des autres Colonies.

La fondation de cette nouvelle colonie sera essentiellement différente de l'origine de la plus grande partie des autres actuellement existantes. Car celles-ci ont

______

(1) M. *Malouet* dit : Vol. I, pag. 74, « Ce n'est pas au commerce à créer une colonie, mais à l'État à y appeler le commerce et la culture ».

pour la plupart commencé par des aventuriers , des vagabonds, des européens sans ressources et sans aucuns moyens d'existence , ou ruinés par leur inconduite ; parmi lesquels il se trouvait beaucoup de gens flétris par la loi , et même des malfaiteurs.

Est-il alors étonnant qu'habituée au vice, à la dépravation de toutes espèces, à la débauche, aux excès de tous les genres et à l'immoralité la plus effrénée , cette lie du peuple et ce rebut de la nation espagnole , aient exercé tant d'atrocités et tant d'horreurs , sur les habitans paisibles et humains de ces contrées , après la découverte de l'Amérique par Colomb ?

Ou bien elles furent formées par des hommes sans connaissances et sans talens , la plupart bruts , qui voulurent tenter fortune dans des pays éloignés et inconnus. Il leur fallait alors beaucoup de temps pour se familiariser avec la culture la plus convenable au pays et au climat , afin d'en faire , pour ainsi dire, un apprentissage ; et ce ne fut qu'au bout d'un certain temps, que l'on pouvait se convaincre de son succès : celui-ci seul pouvait alors encourager d'autres cultivateurs à suivre l'exemple des premiers, par l'appât du gain, et un espoir fondé sur la réussite de leurs prédécesseurs. C'est ainsi que la colonie de Saint-Domingue dut son origine française à des *boucaniers* (aventuriers, qui faisaient la chasse aux bœufs sauvages), et à des *flibustiers* (ou corsaires) (1), et pres-

______

(1) Voyez l'abbé *Raynal,* ouvrage cité vol. IV, p. 38 et 50.

que toutes les autres colonies ne se sont formées que successivement et au bout d'un demi-siècle, faute d'un nombre suffisant de Colons *instruits*, qui auraient peuplé à la fois tout un pays, et qui auraient voulu les premiers essayer de braver par eux-mêmes, et sans un autre secours, toutes les difficultés qui se présentent ordinairement, pour vaincre une nature inculte, sauvage et rebelle.

Or, il y a eu différentes causes, qui ont retardé si long-temps la prospérité des autres colonies : dont les unes sont physiques, les autres politiques, et les troisièmes morales.

Parmi les principales des premières, on peut compter l'insalubrité de l'air ; qui a lieu dans tous les pays sauvages, incultes, et qui sont couverts de forêts, et principalement sous la zone torride.

Car tout le monde sait, que l'air des bois épais et touffus est beaucoup plus malsain et marécageux, que celui des plaines ; lesquelles offrent un accès libre à l'air, quand même elles seraient souvent inondées d'eau.

Les eaux de la pluie qui pénètrent la terre, et qui ne peuvent pas en être repompées par l'action simultanée de l'air et du soleil, croupissent dans ces épaisses et immenses forêts, et, en provoquant la putréfaction de toutes les substances animales (des reptiles, des vers, des insectes, etc.), qui y périssent, ainsi que des feuilles d'arbres qui y tombent en abondance, acquièrent par là à la longue un méphitisme, qui en s'exhalant, devient délétère de la santé.

Celui-ci reste alors concentré dans l'épaisseur des bois , sans pouvoir s'échapper ; tandis que l'humidité des plaines découvertes, qui n'a pas à beaucoup près ce même caractère malfaisant , est enlevée par les vents , et corrigée par le soleil.

C'est ce qui avait coûté , dans les premières années de ces établissemens, un si grand nombre de victimes , et retardé par là les progrès de la culture et de la prospérité coloniale ; parce qu'on n'avait pas commencé, *avant* de s'y établir, par la destruction de ce méphitisme, et des forêts nuisibles à la circulation de l'air.

Parmi les causes politiques, qui ont rendu la culture et la prospérité des autres colonies aussi lentes, on peut considérer, que des Gouvernemens négligens sur leurs propres intérêts , et ceux des peuples , avaient abandonné dans le commencement aux habitans eux-mêmes , le soin de vaincre tous ces grands obstacles physiques, qui empêchent un pays d'être promptement habitable ; tels , que l'existence de ces mêmes bois , le défaut de grandes routes et des ponts indispensables : et que pour la plupart ils n'ont eu soin que très-tard de seconder les Colons par tous ces travaux publics, qui sont de grands moyens préparatoires ou auxiliaires essentiels, et qui sont au pouvoir des Gouvernemens seuls, et non d'aucun particulier. Tandis qu'il y a tout lieu d'espérer pour la Guyane, que le même Gouvernement bienveillant, qui aura daigné accorder la concession de ces terres, daignera aussi favoriser cet établissement, par des dispositions générales et très-peu dispendieuses , par lesquelles il pourra parvenir beaucoup plus tôt, qu'il n'y a eu lieu pour les colonies précédentes, au plus haut degré d'utilité pour la mère-patrie.

Mais il y a encore une cause morale qui explique pourquoi la plupart de ces colonies ont tant tardé à prospérer. C'est qu'on n'avait envoyé dans la majeure partie d'entre elles, au commencement, que des masses d'hommes ramassés au hasard, habitués à l'oisiveté, inexpérimentés et composés de gens qui avaient été habitués auparavant à ne vivre qu'en sous-ordre, et qui n'avaient conséquemment aucune intelligence administrative sous le rapport de la culture, ni aucune connaissance ou lumière nécessaire pour former, ou gérer des établissemens de cette importance. Chacun de ces ouvriers ou cultivateurs ne connaissait que son état particulier, et ignorait l'art de diriger un ensemble (1). Aussi ces nouveaux habitans languissaient pendant de longues années, abandonnés à eux-mêmes, tels que les nègres vivent pour la plupart actuellement à Saint-Domingue.

Pour faire prospérer de pareils établissemens, et enrichir par là le commerce, il faut dès le principe

---

(1) C'était peut-être la cause de la ruine des quatorze milliers d'Européens envoyés à la Guyane du temps de M. de Choiseul (voyez M. *Malouet*, vol. I, pag. 5 et 6), et qui dans leur grasse ignorance de la culture propre à ce pays, y sont allés sans direction manufacturière.

des hommes à éducation , qui aient le talent de bien
ordonner et de gouverner ; qui soient cultivateurs et
négocians en même temps , et qui aient l'intelligence
nécessaire pour connaître les meilleurs moyens de
tirer le parti le plus avantageux de chaque nature de
terrain : talent bien différent de celui d'un ouvrier ,
dont les fonctions peuvent être comparées à celles
de nos bras, propres à agir et à exécuter ; tandis
que les premiers ressemblent à la tête, dont l'esprit
doit penser et diriger. Cette tête ne peut jamais faire
les fonctions des bras, comme ceux-ci sont moins
propres à faire celles de la tête. Il faut conséquemment un concours mutuel et réciproque des deux,
sans lequel tout languit. — Telle paraît être l'organisation de la société, afin que chacun, suivant sés
capacités, contribue au bien général !

CHAPITRE III.

*Différence de la colonisation de la Guyane fran-
çaise, d'avec celles qui ont eu lieu dans d'autres
contrées.*

CETTE nouvelle colonie se présente au contraire
sous des auspices infiniment plus favorables, et
qui sont même peut-être uniques. Car jamais on n'a
vu une population entière de plus de vingt mille
âmes, particulièrement versée dans la culture, se
trouver si long - temps sans terres, et sans pouvoir

employer ses talens au profit de leur mère-patrie ;
et jamais on n'a vu à la fois un si grand nombre
d'hommes instruits , propres à s'établir dans un
nouveau pays, afin d'y porter *en même temps* leur industrie., et cela avec une aussi grande assurance du
succès. Conséquemment cette colonisation différera
essentiellement de toutes les autres , en ce qu'elle
pourra se former, non graduellement et progressivement comme celles - ci; mais à la fois, par un
nombre suffisant d'habitans , qui par leurs secours réciproques, pourront vaincre, en beaucoup moins de
temps, et avec beaucoup plus de facilité, tous les petits
obstacles , qui se présentent ordinairement au défrichement, et à la culture de tout nouveau pays.

Cette colonisation pourra donc procurer des avantages beaucoup plus prompts et plus abondans à la
métropole, que n'ont pu le faire celles , qui n'ont
commencé à prospérer qu'au bout d'un demi-siècle.

Tout un quartier pourra être peuplé, pour ainsi dire,
en même temps ; et le commerce pourra conséquemment y acquérir, en très-peu d'années déjà , la plus
grande activité ; ce qui ne pouvait pas avoir lieu dans
d'autres colonies, où les habitans ne se sont multipliés
que successivement, par l'appât du gain. Car les anciens Colons de Saint-Domingue sont déjà habitués à
ces cultures , et en connaissent toute la manutention ;
tandis que les autres établissemens n'ont commencé
que par des hommes novices, qui étaient obligés de
se familiariser premièrement avec ces différentes plan-

tations, par une longue expérience et des essais tardifs
et hasardeux.

Enfin les autres Colons ont été obligés de lutter
long-temps , et de vaincre par eux-mêmes tous les
grands obstacles, que tout nouveau pays présente;
tandis que dans la Guyane, si le Gouvernement français, certain d'avance de tous les avantages , qui en
réjailliraient sur toute la France, lève toutes ces difficultés préliminaires à la fois (par les moyens simples
et peu dispendieux, que nous nous proposons de lui
soumettre dans la suite), ces Colons pourront entrer
sur-le-champ en jouissance de leurs terres, et donner
aussitôt la plus grande activité à leur culture et à
leur commerce.

Cette colonisation ne pourra même se faire jamais
aussi bien , que lorsqu'elle s'exécutera à la fois. Car
la masse des obstacles qu'on rencontre dans un pays
désert et dépourvu de tout, est trop grande, pour qu'il
ne faille pas, pour les surmonter, une force majeure
et une grande quantité d'hommes, qui y coopèrent à
la fois, et se renforcent mutuellement par leur nombre,
surtout pour les premiers travaux du défrichement.
Sans ces secours mutuels, chaque établissement indi-
viduel languirait, faute de quelques moyens auxiliaires
que l'on pourrait trouver ici, chez l'un ou l'autre de
ses voisins : car celui-ci a telles lumières, celui-là en
a d'autres ; l'un possède tel art , tel talent, telle
science ; a tel bon conseil à donner ; tel ouvrier ou ar-
tisan habile à fournir ; un autre peut se rendre utile

sous des rapports tout différens ; et c'est par ce concours mutuel de talens, de bons conseils, de bras et
d'ouvriers, que tous les obstacles pourraient être levés
très-brièvement, et avec la plus grande facilité ; de
sorte que l'établissement naîtrait comme sorti du
néant, en peu de temps, et serait porté promptement
au plus haut degré de prospérité.

De plus, le zèle, l'activité et l'émulation, se communiquant, pour ainsi dire, électriquement, ces travaux seraient animés avec une ardeur extraordinaire,
qu'on ne pourrait pas espérer de voir naître dans des
établissemens isolés ou lentement progressifs.

A ces raisons physiques on pourra ajouter encore
quelques considérations *morales*, qui rendent cette
colonisation *simultanée* indispensable.

Car aucun Colon ne pourra et ne voudra attendre
le succès de l'autre, pour jouir du plein exercice de
ses droits de concession ; aucun ne voudra rester un
seul instant dans l'inactivité ; tous attendront au contraire avec le même empressement et la même impa-
tience, l'aurore de leur prospérité ; tous désireront
se trouver le plus tôt possible dans leur propriété, afin
de s'y établir et y élever les plantes les plus propres à
leur procurer promptement quelques avantages.

Conséquemment, la colonisation devra se faire dans
le plus court délai possible.

Une semblable cohabitation *simultanée* contribuera
de plus, non-seulement aux jouissances réciproques
des habitans, mais aussi à leur profit ; car la colonie

sera d'autant plus tôt dans toute son activité, dans sa splendeur, dans son plein et entier rapport, et dans sa richesse. L'intensité de toute force générale, se multipliant d'ailleurs en raison du nombre des forces particulières, dont elle est composée, quelle énergie ne pourrait-on pas se promettre de la réunion de toutes les forces physiques et morales de tant de Colons expérimentés, dont chacun agirait avec tout le zèle et toute l'activité possible, dans le même sens, et vers le même but, qui serait leur prospérité commune, et dont chacun aiderait l'autre de ses conseils, et de tous ses moyens, dans les différentes circonstances de la vie et dans leurs différens besoins, afin d'avancer à pas égaux l'amélioration de leur sort, et de préparer ainsi leur bien-être futur?

De plus, le malheur unissant même les âmes les plus dissidentes (si dans le nombre il y en avait), elles se confondraient alors toutes dans un commun accord, produit par le même désir; et elles seraient toutes étroitement liées, non-seulement par le renouvellement de leur ancienne amitié, mais aussi par leur intérêt commun : tandis que s'ils ne s'y établissaient qu'isolément et successivement, ils seraient privés de la coopération mutuelle de leurs compatriotes, de leurs voisins et de leurs amis; les progrès de la colonie languiraient, et les avantages que la France pourrait s'en promettre, seraient reculés peut-être encore d'un demi-siècle.

Il serait donc essentiel de mettre sur-le-champ,

ou au plus tôt, les terres de la Guyane, qui seraient concédées, dans un tel état, qu'elles puissent être habitées et cultivées tout de suite et à la fois, par tous les anciens Colons ; et cela sans aucun danger ni pour leur santé, ni pour leur vie : et telles difficultés que ce problème paraisse présenter à résoudre et à exécuter, il devient cependant bien aisé, dès qu'on se donnera la peine d'approfondir les obstacles, et de scruter les moyens les plus propres à les faire disparaître.

Nous allons les parcourir successivement.

SECONDE PARTIE.

MOYENS DE COLONISER PROMPTEMENT LA GUYANE FRANÇAISE,

(DANS LE CAS, OÙ S. M. AURAIT DAIGNÉ Y ACCORDER DES CONCESSIONS AUX CI-DEVANT COLONS DE SAINT-DOMINGUE).

CHAPITRE PREMIER.

De l'Investigation du pays, et de l'exploration des terres incultes, qui se trouvent dans les quartiers, que le Gouvernement aurait assignés, pour être concédés aux Colons.

CETTE exploration ne pourra se faire que par des *ingénieurs-géographes.*

Mais ici il se présente quelques difficultés ; car quelques individus ne peuvent pas entreprendre seuls cette opération ; vu la longueur du temps qu'elle exigera , la fatigue de la route, le défaut de ressources et de vivres dans des pays absolument déserts et inhabités ; les broussailles à travers lesquelles il faudra se frayer des chemins, les montagnes qu'il faudra gravir, les rivières ou fleuves qu'il y aura à traverser, les reptiles et animaux dangereux que l'on pourra y rencontrer, et les autres dangers encore inconnus, que l'on pourra y courir. Cette exploration ne pourra donc se faire que par une caravane; composée de beaucoup d'hommes habitués à braver les périls, endurcis à la fatigue, et qui soient assez forts pour écarter tous les obstacles physiques; et assez courageux pour préserver cette caravane de tous les dangers. On ne pourrait, je pense, trouver ces hommes principalement, que parmi les militaires.

Cette caravane pourrait donc être composée de six ingénieurs, habitans à Cayenne; accompagnés d'une compagnie de chasseurs armés, ou de l'atelier des nègres du Roi; de sapeurs-ouvriers (pour baliser et abattre les bois, et frayer les chemins), d'un chirurgien et de quelques charpentiers (pour dresser au besoin un pont), avec des planches, des échelles (pour des rochers escarpés), et tous les autres ustensiles nécessaires; quelques pirogues ou chaloupes, des tentes, des vivres suffisans, et tous les équipages et chariots nécessaires, pour une semblable expédition.

Si quelques naturalistes curieux, ou quelques agronomes instruits, voulaient les accompagner, ils pourraient sans doute enrichir les Colons de beaucoup de notices et d'observations sur l'intérieur du pays; la nature et les différences des sols, et sur leur susceptibilité de cultures : observations, qui ne sont pas du ressort des ingénieurs.

Cette première expédition serait destinée à faire une reconnaissance générale de l'ensemble des terrains incultes de ce quartier, et à prendre des notes sur les différentes qualités des bois ; afin d'en tracer en gros un relevé *général*, et d'en rédiger un croquis ; d'après lequel MM. les ingénieurs décideraient ensuite, après leur retour, dans le cabinet, et dans un conseil des ingénieurs, présidé par le gouverneur de Cayenne, et dirigé par les agricoles les plus instruits, les plus expérimentés et les plus judicieux de la colonie actuelle ; quelles seraient les forêts ou les parties de forêts, dont la destruction serait absolument nécessaire pour l'assainissement de l'atmosphère ; et quelles seraient celles, qu'il faudrait laisser subsister pour l'usage de chaque habitation, de cent carreaux à peu près d'étendue ; afin d'y rafraîchir l'air, et la garantir de la trop grande ardeur du soleil.

CHAPITRE II.

De l'Assainissement de l'air, par l'enlèvement de son méphitisme, et de la destruction de la plupart des animaux dangereux ou vénimeux.

ARTICLE PREMIER.

De la Purification de l'atmosphère.

Le premier point indispensable pour la colonisation de ce pays, est l'assainissement de l'air; car il faut, que celui-ci soit purifié avant que les Colons s'y établissent, sans quoi il en périrait un grand nombre, avant que ce but ne fût atteint, au grand détriment de ce nouvel établissement, et de son succès. Il serait donc nécessaire, que le Gouverment daignât venir au secours des planteurs, et leur facilitât cet assainissement par des moyens très-simples, et peu coûteux, que lui seul pourra faire exécuter.

C'est par ce défaut de précautions, que les autres colonisations ont été si tardives à faire des progrès, et qu'elles ont compté dans les commencemens tant de victimes : car si, avant d'y demeurer, on n'éclaircit pas ce pays, et qu'on ne le purge pas de toute l'humidité méphitique, cachée dans l'épaisseur des forêts, les premiers habitans qui, abandonnés à eux-mêmes, sont obligés de faire successivement et lentement cette opération, par leurs seuls bras, tombent malades et périssent, avant qu'elle soit faite, et avant que l'air soit suffisamment épuré de tout le méphitisme, qui s'exhale ordinairement de tous les terrains long-temps pénétrés d'humidité.

Cette opération est encore nécessaire sous le rapport de la *justice*; car, comme les droits de ces Colons (de Saint-Domingue) sont égaux à leur prospérité; ceux, à qui des propriétés situées dans des terrains secs, tomberaient en partage, seraient mieux avantagés, que ceux qui en recevraient de placées au milieu de bois immenses, impénétrables, et infestés de reptiles monstrueux, ou d'autres animaux vénimeux, lesquels ne pourraient être détruits qu'à **la** longue. Ainsi, pour rétablir la balance, en faisant disparaître ces forêts, et en aplanissant le terrain, ces derniers possesseurs jouiraient tout de suite des mêmes avantages, que les premiers.

Sans ces secours, il se passerait peut-être encore grand nombre d'années, jusqu'à ce que, par leurs propres forces, ou par leurs ouvriers, (qui ne voudraient peut-être pas y travailler), ils fussent parvenus à vaincre tant d'obstacles physiques, qui ne seraient jamais surmontables, qu'avec beaucoup de danger.

Or, pour assainir l'atmosphère du pays; le premier point indispensable est sans contredit la destruction de toutes ces forêts *superflues*, immenses, incompatibles avec la culture, qui forment obstacle à la libre circulation de l'air, et qui, inaccessibles aux doux

rayons du soleil, et à son influence bienfaisante, empêchent le desséchement des bas-fonds : faute de cette
influence, l'humidité a resté enfermée et concentrée
de temps *immémorial* entre les feuillages, y a pris
par là un caractère méphitique, et à attiré et nourri
une grande quantité de reptiles vénimeux, qui se
plaisent dans ces endroits marécageux, les infestent,
et rendent conséquemment leur approche dangereuse.

Mais pour détruire ces forêts reconnues, par le
conseil des ingénieurs, comme superflues ou nuisibles, l'abattage par la hache, serait sans doute le
moyen le plus simple et le plus usité ; cependant, vu
l'extrême longueur du temps, et l'immense quantité
d'ouvriers et d'ustensiles nécessaires, (qui sont diffi-
ciles à trouver dans un pays inhabité), que cette
grande opération exigerait, pour être faite dans le
plus court délai ; vu de plus, les périls pour ces ouvriers, dont elle serait accompagnée ; puisque la plupart en deviendraient les victimes, soit par les exhalaisons malfaisantes de la terre, soit par les bles-
sures de ces animaux ; il paraît démontré, que cette
méthode est impraticable.

Le moyen le plus simple, le plus prompt et le
moins dispendieux, pour pouvoir jouir de ces terres,
couvertes de bois antiques, avec le plus de sûreté et le
plus promptement possible, sera donc de mettre le
feu à ces derniers, avec le discernement, dont nous
parlerons ci-après.

Mais l'opération d'y employer le feu, demandera

encore quelques légères précautions ; car si les bois ou les portions de bois nécessaires à l'usage de chaque habitation touchaient de trop près celles qui seraient destinées à être incendiées, il faudrait en faire une séparation préliminaire, en faisant abattre, moyennant la hache, une portion intermédiaire assez grande pour qu'aucun vent ne pût y faire atteindre la flamme.

Ces abattis seraient jetés dans les bois condamnés pour y être consumés, ou seraient enlevés suivant l'avis des ingénieurs.

La largeur de ces *tranchées de séparation* serait proportionnée à l'étendue de la circonférence de ces bois condamnés, et à l'intensité du feu, qui naîtrait de leur combustion.

ARTICLE II.

De l'Enlèvement du méphitisme.

Il est notoire dans les sciences, que le meilleur purificateur de l'air est le *feu*, lequel attire les vapeurs les plus putrides, et les entraîne dans son ascension vers la partie supérieure de l'atmosphère : il corrige et amortit de plus, le caractère délétère de celles qui sont trop pesantes pour être entraînées, et il les dénature pour ainsi dire (1).

Les miasmes les plus virulens s'enlèvent par un feu

---

(1) Et peut-être pourrait-il servir en beaucoup de maladies contagieuses, (telle par exemple, que dans la fièvre jaune) ?

violent et soutenu, et ces incendies des forêts pourront suffire conséquemment pour pomper et dessécher
toute l'humidité méphitique, dont la terre est impré-
gnée, peut-être à plus d'un pied de profondeur; humidité, qui y a été portée par les eaux de la pluie, crou-
pies par leur long séjour dans ces forêts touffues, et les
débris des plantes qui y ont pourri; et qui exhalent des
vapeurs, dont l'infection est exaspérée par l'excessive
ardeur du climat; n'ayant pu être enlevées par la vertu
raréfiante des rayons solaires, combinés avec l'action
de l'air et des vents.

Ce méphitisme, caché dans l'*intérieur* de ces terres,
n'en aurait, (à ce qu'il me semble), jamais pu être enlevé aussi facilement, par tel autre moyen que ce soit.

Ces feux terribles ne purifieront pas seulement l'air
aux endroits sur lesquels ils agiront immédiatement,
mais ils attireront aussi toutes les vapeurs malsaines
et méphitiques, qui se trouvent répandues à une très-
grande distance à la ronde; de manière que, par ces
incendies successifs et multipliés, la plus grande partie
des cantons destinés à être habités, pourra être assainie.

Si ces feux ne suffisaient pas pour enlever complètement tout le méphitisme renfermé dans l'intérieur
de ces terres, jusqu'à une certaine profondeur; on
les laisserait encore exposées pendant un ou deux ans
(suivant leur position) à l'ardeur du soleil combinée
avec l'action libre de l'air, afin que les cultivateurs
les trouvassent dans la disposition la plus parfaite; et
ce grand inconvénient aurait alors cessé pour toujours,

puisque ces deux élémens réunis, les conserveraient constamment dans ce même état.

Un autre avantage inappréciable de ces incendies, est la quantité prodigieuse de *cendres* qui se formeraient par leur moyen; lesquelles, par leur principe salin, donneraient un excellent engrais, qui augmenterait encore davantage la fertilité de ces terres vierges : de même que dans nos contrées les jardiniers et les fermiers ont l'habitude de brûler les débris des végétaux sur leurs terres, afin de s'y procurer un engrais non coûteux.

ARTICLE III.

De la Destruction de la plupart des animaux dangereux.

Les reptiles et les serpens, de la présence desquels les voyageurs se plaignent le plus, se tiennent pour la plupart cachés dans les endroits les plus sombres, les plus humides et les plus marécageux de ces forêts, lesquels forment à peu près leur *centre.* C'est là, où ils vivent tranquillement en famille, où ils se propagent et se multiplient comme dans leur élément, lequel est la plus grande humidité.

Pour les y détruire par les moyens les plus simples, et qui n'exposeraient personne à aucun danger; on observerait avec la plus grande attention, en mettant le feu à ces bois condamnés, la précaution la plus importante, qui serait, de l'allumer tout autour et dans toute leur circonférence *à la fois ;* afin d'empêcher ces animaux qui se tiennent dans leur intérieur, de s'échapper par quelque bout que ce soit, pour se sauver.

A mesure que toute cette circonférence serait consumée, ces animaux, ne pouvant pas franchir ces brasiers, se retireraient, pour éviter la chaleur et la flamme, de plus en plus vers l'intérieur, et précéderaient toujours le feu vers le centre, où il finirait par les atteindre, et les dévorer.

Ceux qui se trouveraient hors de l'enceinte de ces forêts, pourraient être aisément atteints par la chasse.

Ainsi ces incendies auraient les grands avantages, non-seulement de débarrasser les quartiers destinés à être habités, de tous les bois superflus ou nuisibles; mais aussi de corriger l'insalubrité de l'atmosphère, et de la purifier de tout son méphitisme et de ses particules délétères; de détruire la plus grande partie des animaux vénimeux, qui infestent l'intérieur de ces forêts; de sécher de plus à une certaine profondeur la trop grande humidité de la terre, et de donner enfin par les cendres qui s'y formeraient, un engrais salutaire, qui hâterait la fertilité des terres, et augmenterait la force de la végétation.

On ne ferait en attendant ces incendies nécessaires, que dans les contrées les plus malsaines des quartiers assignés par S. M. pour être concédés aux Colons; on ne condamnerait que les bois les plus communs, superflus, et dont la destruction est absolument nécessaire pour les motifs indiqués; et on ménagerait soigneusement les parties de forêts, qui pourraient servir de bois de construction, tant pour l'usage civil, que pour le maritime (1), ainsi que les arbustes à épices (2), lesquels ne sauraient être trop soigneusement conservés pour le commerce.

Si, après que cette opération indispensable pour que ce pays puisse être habité, aura été faite, on observera, que l'excessive chaleur du climat ait trop desséché les terres, qui alors auront resté nues et sans culture, on pourra y faire de nouvelles plantations d'arbustes ou d'arbres; et dans le cas, où le soleil aurait pompé ou altéré les sels fructifians de ces terres, on y brûlera d'autres bois, pour y former des cendres; et l'on plantera les arbres à une telle distance, que l'air puisse toujours circuler librement entre eux, et conserver sa pureté, en enlevant la trop grande humidité occasionée par de longues pluies; et que leurs feuillages enfin puissent abriter suffisamment la terre contre la trop grande ardeur du soleil, et y maintenir une douce chaleur, en déphlogistiquant continuellement l'air environnant.

Alors, tous les anciens inconvéniens de ces forêts

---

(1) Tels que les bois de bagasses, de grigons, de cèdres, d'ébènes, d'ouampons, de balata, de coupis, de gayac, etc., et les bois de teinture, d'ébénisterie, et de marqueterie, tels que le citronnier, l'acajou, etc. Voyez M. *Malouet*, vol. I, pag. 272, art. 10.

(2) La vanille, la salsepareille, et des arbustes à épices, fort inférieurs au canellier, mais qui en ont le goût et l'odeur, croissent dans les forêts. Voyez M. *Malouet*, vol. I, pag. 26.

n'auront plus lieu, et on ne jouira plus que de leurs avantages.

Mais de quelle manière y mettra-t-on le feu *à la fois* dans toute leur circonférence, et sans faire de nouveaux abattis?

Ce feu, pour être prompt et beaucoup moins dispendieux, qu'il le deviendrait par la quantité prodigieuse de bûcherons, qu'il faudrait y employer d'après les méthodes ordinaires; ce feu, dis-je, pourrait y être mis par les procédés, qui sont si familiers aux officiers du génie, lorsqu'on est quelquefois obligé, en temps de guerre, de mettre précipitamment le feu à des fermes, ou à des villages entiers, pour éclairer le pays, ou en écarter l'ennemi. — On pourrait encore y mettre en usage ceux, que les Russes ont employés dans la dernière invasion, pour mettre très-promptement le feu à leur ville de Moscou.

Après l'incendie de ces forêts, il restera toujours en terre des tronçons d'arbres non consumés, qui gêneront entièrement la marche et l'usage de la charrue, si nécessaire cependant pour le défrichement·

Mais les cultivateurs leveront aisément cet obstacle, en suivant les mêmes procédés, qu'on met en usage dans nos contrées, pour utiliser des terres, qui avaient été long-temps couvertes de bois.

CHAPITRE III.

Du Desséchement des marais et des terres basses marécageuses.

Mais il ne suffit pas pour assainir l'air de la Guyane, de dessécher seulement les bas-fonds des forêts; il faut aussi enlever la trop grande humidité des plaines imprégnées d'eau, pendant nos mois d'hiver, et qui en beaucoup d'endroits, donnent au terrain un caractère marécageux. Cet inconvénient est sans doute très-grave, parce que non-seulement il altère la salubrité de l'air, mais aussi parce qu'il oppose un fort obstacle à la culture, et détériore en outre la qualité et la saveur des plantes aromatiques, qu'on s'empresserait d'y élever.

Il est donc d'une très-haute importance de détruire aussi cet obstacle, non-seulement à la salubrité du pays, mais aussi au succès de la culture. Or, cet obstacle pourrait être aisément levé, en suivant la méthode par laquelle nous sommes également parvenus à dessécher les marais de nos contrées; et que les Hollandais ont employée avec tant de succès, à Surinam (1) et dans la Hollande européenne : elle consiste à creuser des *fossés* ou des *canaux* assez profonds pour pouvoir

____

(1) Dont on trouve des détails dans l'ouvrage cité de M. *Malouet*, sur la Guyane.

recevoir toutes les eaux surabondantes, qui pourraient nuire aux racines des plantes qu'on y éleverait; ces eaux, par leur pesanteur, pénétreraient alors aussi profondément, que la terre leur laisserait le passage, pour s'écouler là, où elles trouveraient le moins de résistance; c'est-à-dire, dans ces fossés.

Ces eaux, en filtrant par ces terres marécageuses pour se porter dans les canaux, y laisseraient toujours, après leur passage, une humidité salutaire pour la végétation, propre à tempérer la trop grande ardeur du climat, et à garantir en même temps ces terres de la trop grande sécheresse.

On pourrait, en beaucoup d'endroits, donner à ces canaux la direction d'une rivière à l'autre (vu que leur distance n'est le plus souvent que de quinze lieues), ce qui aurait le double avantage de produire le dessèchement, et d'ouvrir en même temps les communications intérieures (1).

Les exhalaisons de ces eaux ne sont cependant pas aussi corrompues ni aussi corruptrices, que celles de l'intérieur des forêts ; parce que cette humidité est mitigée par l'action de l'air et des vents, et pompée en partie par celle du soleil ; car combien de nations ne voyons-nous pas vivre dans des contrées, dont l'air est continuellement humide (telles que la Hollande, l'Angleterre, la Hongrie, etc.), sans en éprouver aucun dommage physique ?

____

(1) Voyez M. *Malouet,* ouvrage cité vol. I, p. 438.

Ces plaines marécageuses ne sont peut-être non plus aussi nombreuses dans la Guyane qu'on le pense ; parce que cette présomption paraît s'être formée d'après l'état des côtes, qui sont la plupart la partie la plus basse d'un pays, et où toutes les eaux de la contrée aboutissent ; et qu'on s'est borné à examiner ces côtes, au premier abord, sans pénétrer bien loin dans l'intérieur ; en ayant été découragé, intimidé ou dégoûté peut-être par une première impression, d'après laquelle on a jugé tout le pays.

Ces fossés, dont la profondeur serait proportionnée à la quantité d'eau, dont il faudrait débarrasser chaque terrain, rassembleraient et charrieraient les eaux surabondantes de tout le voisinage, et aboutiraient enfin à un grand fossé, ou canal commun (comme les branches d'un arbre se réunissent à leur tronc), lequel les jeterait ensuite dans la rivière la plus voisine, ou dans la mer.

Pour cet effet, lorsque les fossés principaux seraient faits, chaque propriétaire (dont le terrain serait trop humide) ferait creuser dans son habitation de petits canaux ou fossés collatéraux, d'après un plan général, et dans des directions indiquées par les ingénieurs hydrauliques, afin qu'en s'embranchant toujours l'un dans l'autre, leurs eaux puissent arriver enfin dans la direction la plus convenable et la plus courte, au canal principal.

De cette manière cette difficulté pourra être aussi aisément vaincue que les premières ; tous les obsta-

cles à la salubrité de·l'air, qui effraient tant tout
nouveau Colon qui voudrait s'y établir, seront écar-
tés ; les maladies ne seront pas plus fréquentes dans
ce pays que dans tout autre, (puisque la fièvre jaune
est inconnue à la Guyane 1); on y jouira d'un air
pur, sous un climat enchanteur; les coteaux seront
éclaircis, les aspects en seront flatteurs et rians ; les
rigoles fertiliseront la terre, entretiendront une douce
fraîcheur dans l'atmosphère, et tempéreront la trop
grande ardeur du soleil ; et l'on n'aura plus qu'à jouir
des avantages de la colonie, sans éprouver aucun de
ses désavantages.

CHAPITRE IV.

*Des grands chemins ou routes, et des ponts à y
établir, provisoirement.*

Après qu'on aurait pourvu à l'assainissement de
l'air, par la destruction des forêts et le creusement
des canaux, il serait nécessaire, je crois, de s'occuper
aussi de quelques autres besoins indispensables pour
l'établissement de toute nouvelle colonie.

Aucun pays n'est habitable et encore moins com-
merçable , sans des routes et des ponts.

L'homme isolé même a besoin de se transporter
d'un lieu à un autre, pour y chercher de quoi satis-

---

(1) Voyez le Moniteur du 6 juillet 1821.

faire ses besoins, transporter sa nourriture, et tout ce qui est nécessaire au soutien de sa vie ; et, comme aucun homme ne peut se suffire à lui-même en tous les points, l'établissement des sociétés, avec la diversité des aptitudes qui s'y trouvent, est devenu nécessaire, pour que, semblables aux différens rouages d'une pendule, les individus soient obligés de se communiquer entre eux, de s'entr'aider, et de rendre à chacun les divers services, qu'il ne saurait se rendre lui-même.

Pour cela, il faut une liaison réciproque et un mouvement commercial en tous sens ; et, pour faciliter et accélérer ce mouvement, il faut des chemins qui aboutissent enfin à de grandes *routes*, lesquelles servent à une communication générale.

Une des premières choses à établir dans un pays inculte, avant même de l'habiter, est donc la confection de ces principales routes, au moins praticables dans le commencement ; avant d'aspirer à ces grandes et belles routes, qui font l'ornement de la France, et le charme des voyageurs.

Ces principales routes une fois établies, chaque propriétaire y ferait aboutir ensuite des chemins vicinaux, qui conduiraient de là à son habitation, et réciproquement de celle-ci à la grande route.

La direction de ces chemins serait indiquée par les ingénieurs, et il ne serait permis à aucun planteur de labourer, ou de cultiver sur les terrains destinés pour les canaux, les routes et les chemins vicinaux.

Il y a de plus, dans chaque pays, des rivières et des fleuves, qui coupent ces chemins et ces routes ; et, pour pouvoir les franchir et faciliter surtout le commerce et le transport des marchandises, il faut des ponts (provisoires) assez solides, pour pouvoir supporter des voitures chargées.

Mais on pourrait y suppléer en attendant par des *pontons*, dont les militaires se servent en temps de guerre, que l'on peut transporter partout, et qui portent également les plus grands fardeaux ; ou bien en établissant là, où il serait le plus nécessaire, des ponts-volans ou des *bacs*.

Mais par qui ces travaux publics, ces canaux ou fossés, ces routes et ces ponts, pourront-ils être exécutés ?

Ce sera à la bonté paternelle du Gouvernement à y intervenir ; et, s'il veut bien favoriser cet établissement, en considération des immenses avantages qu'il pourrait (ainsi que toute la France), en retirer dans la suite ; s'il veut bien avoir égard à la longueur des années, pendant lesquelles la colonie languirait sans son secours, et pendant lesquelles les Colons n'en retireraient aucun avantage ; il fera faire ces travaux préliminaires (c'est-à-dire, creuser les grands fossés ou canaux, préparer les principales routes provisoires), *avant* l'arrivée des Colons ; afin de rendre le pays aussitôt habitable, et qu'ils puissent alors ne s'occuper que de leur culture : puisque, si ces travaux devaient se faire par les soins et aux dépens des Colons même, ce grand fardeau tomberait sur de nouveaux possesseurs, qui ont déjà assez à lutter contre tant d'autres embarras, inséparables de tout nouvel établissement ; autrement leur première ardeur s'amortirait ; ils auraient infiniment moins d'activité dans la suite, et il se passerait peut-être encore quelques lustres, avant que la communication libre du commerce et des propriétés pût y devenir praticable : la colonie alors ne se perfectionnerait et ne pourrait devenir florissante que très-tard, et au bout peut-être d'un demi-siècle ; et en attendant, la France en retirerait infiniment moins d'avantages, et l'État percevrait moins de droits d'exportation, d'importation et de consommation.

Mais quel serait le moyen le plus aisé, le moins exposé à des difficultés, et en même temps le moins dispendieux pour l'État, dont le Gouvernement pourrait faire usage, afin de faire exécuter tous ces travaux publics ?

Ce serait (s'il le jugeait à propos), de les faire exécuter, sous la direction des ingénieurs, et des inspecteurs des ponts et chaussées, par des *militaires* : lesquels, en temps de paix, travaillent également à des fortifications, et qui, dans la guerre, élèvent des redoutes, font des tranchées, etc. ; ouvrages également destinés pour le bien de la patrie. Ils sont nourris et soldés par l'État, et par là leurs corps et leurs vies sont consacrés à la chose publique et à tout ce qui peut lui être avantageux. Ils pourraient conséquemment être employés sans injustice, à tous les travaux, qui peuvent contribuer à la prospérité de leur patrie ;

et bien certainement cet emploi lui sera plus avantageux et beaucoup moins nuisible pour eux, que leur
oisiveté dans les garnisons (1).

Ils regarderont sans doute comme un devoir de
leur état ; car celui-ci ne consiste pas seulement dans
l'art de détruire, mais aussi dans celui de construire,
de créer et de conserver ; ils regarderont, dis-je,
pour un devoir sacré, et se feront un plaisir de
vaincre tous les obstacles qui pourraient retarder le
succès de la colonie, peut-être encore d'un quart de
siècle ; et s'empresseront de faire jouir leurs compatriotes au plus tôt des avantages incalculables, qu'ils
auront lieu de s'en promettre.

Après avoir été employés par le Gouvernement
précédent, à détruire leurs semblables ; à miner la
prospérité des états, ainsi que la nôtre ; et à répandre
des torrens de sang *inutilement ;* ils se dévoueront sans
doute aussi avec plus de zèle, à des travaux plus utiles,
plus humains et plus bienfaisans que ceux de la destruction ; ils contribueront à favoriser par tous leurs
moyens, tout ce qui pourra rétablir une prospérité
perdue, et coopéreront volontiers à jeter les premières bases d'un établissement salutaire, qui pourra
conduire d'une manière beaucoup plus indubitable, au
bonheur civil et politique de la nation française,
que toutes les guerres hasardeuses.

---

(1) Laquelle a été, de tous les temps, la mère de tous les
vices.

Ils sont habitués à la fatigue, et à braver tous les
dangers, qui pourraient se présenter, beaucoup plus
que des particuliers, des ouvriers ou des cultivateurs
paisibles ; ils sont destinés à écarter tout ce qui peut
mettre obstacle au bien de la société (soit sous le rapport physique, soit civil, soit politique) ; ce sont donc
les véritables hommes, qui, après s'être signalés par des
prodiges de valeur, voudront y mettre le complément,
en s'empressant aussi de préférence à rendre ce service à l'État ; j'en appelle à leurs sentimens d'honneur,
et à leur dévouement à la patrie !

Il s'agit, par des travaux utiles et non funestes, de
conquérir, pour ainsi dire, des contrées vastes et
précieuses pour l'industrie et la richesse nationale ;
contrées dont la possession n'a été jusqu'ici que no-
minale, sans aucune utilité réelle ; et toutes les con-
quêtes étant de leur ressort, celle-ci sera sans doute
plus importante, plus avantageuse à toute la France,
plus durable et plus glorieuse, que celle de quelque
ville ou canton, arrosés de sang et de larmes, et qui
sont quelquefois renlevés le lendemain.

Elle leur sera de plus moins pénible ; puisqu'ils
n'auront qu'à vaincre une résistance physique ; qu'ils
ne seront pas exposés à tant de chances ; et qu'ils
n'auront pas à lutter continuellement contre la ruse
et l'astuce, et des forces tantôt égales, tantôt supérieures.

Leur victoire ne coûtera point de pleurs à l'humanité, mais elle les tarira ; et aux larmes de tristesse, il en

succédera d'attendrissement et de reconnaissance de la part des anciennes habitantes de Saint-Domingue, des efforts qu'ils auront faits pour en faciliter la réussite; lesquelles seront une récompense plus douce pour le caractère noble, généreux et bienfaisant des Français, que tous les éloges obtenus aux dépens du bonheur des nations.

Pour récompenser leur zèle, le Gouvernement pourrait leur donner l'assurance, qu'aussitôt que ces travaux seraient finis, ils auraient le droit de demander à S. M. la concession de quelques terres; qui, avec la qualité de Colons, leur donneraient en même temps toute la protection et toutes les prérogatives qui y sont attachées.

On pourrait donner quelque préférence à ceux, qui y seraient allés de bonne volonté.

Ce surcroît de Colons pourrait de plus devenir dans la suite très-utile à la colonie, en augmentant le nombre de ceux, qui sont intéressés à la défendre en cas d'une invasion quelconque; et cette défense serait beaucoup plus énergique que s'ils servaient comme de simples militaires; puisqu'ils défendraient en même temps leur patrie, et leurs propriétés.

Plus on y emploierait de bras, plus tôt ces travaux seraient achevés, et plus tôt les Colons pourraient entrer en jouissance.

Le climat étant fort chaud, et le travail fatigant, il sera peut être nécessaire de les faire alterner, pour leur laisser quelques jours de repos, et ne pas les exposer à l'épuisement.

Il règne malheureusement (d'après le rapport de M. *Malouet*) un vice presque général à la Guyane, dans lequel des militaires pourraient être très-aisément entraînés, qui est l'abus excessif du *taffia;* vice qui abrutit et paralyse toutes les facultés physiques et morales, dispose à l'indolence, à l'inactivité et à la paresse, et qui pourrait faire manquer toutes les opérations; si des lois sages et une surveillance sévère ne s'empressent d'en prévenir la contagion.

Tous ces travaux publics, l'exploration des terres incultes, ces combustions, ces ponts, ces routes et ces canaux ne seraient faits pour le commencement que dans les quartiers, que S. M. aurait assignés pour être concédés aux premiers Colons, et à quelques lieues de plus à la ronde; et à mesure que ces établissemens s'étendraient, on pourrait les continuer progressivement, suivant l'urgence des cas.

CHAPITRE V.

Des Cultivateurs.

Qu'il me soit permis d'aborder ici une question, que depuis l'abolition de la traite des nègres, on a regardé comme impossible à résoudre; et qui paraissait présenter à la colonisation de la Guyane un obstacle insurmontable : car, par qui, disait-on, ce pays pourrait-il jamais être mis en culture, si l'on ne peut y employer des bras africains? On a jugé la possibilité ou la non-possibilité de la chose, par l'habitude du fait; et parce que dans la plupart des colonies on n'a employé que des nègres, on en a tiré la fausse conclusion, qu'elles ne pourraient pas réussir sans eux.

Mais si l'on se donne la peine d'analyser et d'approfondir chaque circonstance qui contribuait à faire regarder cet emploi des noirs comme indispensable, on découvrira bientôt le faux côté de ce préjugé, enraciné par le temps. Car qu'est-ce qui a déterminé les premiers habitans de pays déserts et sauvages, de rechercher et d'acheter à grands frais des nègres, pour les défricher et les cultiver? C'était la difficulté de trouver des blancs libres, qui auraient voulu se soumettre à des travaux aussi pénibles, sous un ciel brûlant. Ils étaient donc obligés d'y employer des hommes qu'ils pouvaient y forcer. Ce n'est que par ce moyen qu'ils pouvaient être sûrs que tous leurs travaux seraient exécutés en temps convenable. Le produit de leurs récoltes n'étant d'ailleurs pas encore assuré, ils ne pouvaient pas y engager personne volontairement, par la promesse de récompenses futures incertaines; et il fallait conséquemment s'assurer de leurs bras par des liens indissolubles; car tout homme libre, dès qu'il aurait été dégoûté par les premiers travaux, les aurait abandonnés, en aurait dégoûté les autres, la culture serait resté en stagnation, et le propriétaire aurait été frustré de toutes ses espérances.

Le service des nègres-esclaves a donc quelques

avantages sur celui d'hommes libres ; mais quoique ces avantages soient spécieux, ils sont néanmoins compensés et contre-balancés par d'autres équivalens, ou peut-être même d'un plus grand poids, qui se trouvent à l'emploi des hommes libres.

Pour mieux en juger, examinons-les comparativement.

Le *premier avantage de l'esclavage* est la sûreté de l'exécution de tous les travaux nécessaires.

Cette sûreté et cette précision dans les opérations, étaient surtout indispensables dans les sucreries; où il fallait que chaque opération se fît à point nommé, à telle heure ou à tel jour précis, pour ne pas laisser gâter ou aigrir cette production précieuse ; sans quoi tout le mécanisme de la manufacture aurait été arrêté, ou perverti, au grand dommage du propriétaire.

— Mais combien de genres de manufactures n'avons-nous pas en Europe, où la même précision du temps ou du travail est nécessaire pour ne pas laisser gâter une marchandise, ou pour pouvoir la livrer à point nommé? et ne trouve-t-on pas assez d'ouvriers disposés à les exécuter, nonobstant l'excessive fatigue, dont ces travaux sont quelquefois accompagnés ? et n'y a-t-il pas en Europe des états mille fois plus fatigans, plus pénibles et même plus nuisibles à la santé, que celui de la culture, et qui demandent encore plus d'exactitude que l'exploitation du sucre? et les chefs d'ateliers ne trouvent-ils pas toujours plus de bras, qu'ils ne peuvent en employer?

Ainsi l'impossibilité de s'y servir de blancs, paraît évidemment n'être qu'un préjugé erroné, conçu prématurément, et avant d'avoir approfondi la question.

Dès qu'il est d'ailleurs prouvé, que par l'usage de la charrue, que l'on pourra faire à la Guyane (ainsi que nous l'avons démontré plus haut), les cultivateurs seront allégés du plus fatigant de leurs travaux sous ce ciel brûlant (c'est-à-dire du labourage moyennant la houe); ce qu'il y aura à faire de plus, se réduit aux ouvrages ordinaires de la culture dans nos contrées. Car celle des plantes précieuses tirées des Indes orientales, telles que du girofle, de la muscade, du poivre, de la vanille, etc., n'est pas plus fatigante, que celle de nos champs et de nos jardins, et elle exige de plus un bien moindre nombre de cultivateurs, que les grandes cultures; de manière que les Colons seront dispensés par là de la nécessité d'y employer des hommes forcés, courbés sous le double poids de leur captivité, et celui de leur fatigue, et ils pourront conséquemment d'autant plus aisément y employer des blancs.

On pourra de plus obtenir également le premier avantage mentionné, si des lois administratives sages suppléent à celles de l'esclavage, et garantissent aux Colons, par des mesures et des conditions bien précisées, la sûreté de l'exécution de tous leurs travaux nécessaires.

Le *second avantage* des nègres esclaves consistait : en ce qu'une fois leur acquisition faite, le succès des établissemens était assuré; parce que les propriétaires pouvaient compter sur une permanence de travaux réguliers, et qu'ils n'étaient pas exposés à toutes les chances qui surviennent toujours, par suite de changemens de journaliers.

—Mais la liberté de ceux-ci en présente encore de plus grands sous un autre rapport. Car si le maître peut changer un cultivateur dès qu'il en est mécontent, celui-ci sera plus intéressé à se bien comporter et à remplir ses devoirs, afin que le premier ne soit pas tenté de le renvoyer : il le sera, dis-je, plus que s'il était inamovible, ainsi que c'était le cas des esclaves. D'un autre côté, l'intérêt des journaliers y gagnera également, puisque les maîtres seront obligés de les traiter si bien, qu'ils n'aspireront à aucun changement. Ainsi, les intérêts réciproques en seront garantis.

Cet état de liberté des cultivateurs contribuera de plus beaucoup mieux à leur moralisation, que l'état de l'esclavage ; car la crainte d'être renvoyés pour une mauvaise conduite, et d'être réduits par là à une vie chétive ou misérable, les retiendra bien plus efficacement dans les bornes du devoir, et sera pour eux un motif bien plus puissant d'une vie sage et réglée, que toutes ces punitions corporelles passagères, qu'on infligeait ordinairement aux esclaves, et qui sont toujours un très-faible frein contre le vice.

Le *troisième avantage* des nègres consistait en ce que les frais de leurs premiers achats étant faits, les Colons n'étaient plus obligés d'en faire annuellement de nouveaux, par des gages ou salaires ; en les entretenant toutefois en nourriture et en vêtemens, et en leur donnant la facilité de se procurer mille avantages et douceurs accessoires, propres à leur rendre la vie agréable, à les dédommager de leurs peines (1), et à les attacher à l'habitation.

— Mais cet avantage sera contre-balancé, en ce que des cultivateurs libres ne coûteront aucun de ces frais considérables d'achat; et en ce que la mort enlevait annuellement aux Colons un certain nombre de leurs nègres, ce qui leur occasionait des pertes bien sensibles, et de grands frais de remplacement : pertes, auxquelles ils ne seront plus exposés par le service d'engagés libres.

Ces mises de fonds pour l'achat des nègres étaient de plus pour la plupart aventurées, parce que les Colons ne pouvaient pas apprécier d'avance les capacités, l'intelligence ou le fond du caractère du sujet qu'ils avaient acheté ; tandis qu'ici ils n'emploieront que des hommes, du service desquels ils pourront espérer d'être contens, soit d'après les témoignages d'autrui, soit d'après leur propre examen ; et qu'ils pourront

---

(1) Chaque nègre cultivait (dans les îles), une portion de terre, qu'on leur assignait, pour en faire un jardin, dont il avait tout le bénéfice ; avec la permission d'avoir chez lui des animaux domestiques, tels que des poules, des cochons, des canards, etc., etc., et d'élever même des jumens à son usage, ou à son profit; indépendamment de beaucoup d'autres douceurs, qu'on leur accordait.

rejeter ou renvoyer sans aucun inconvénient, tous les sujets ineptes, paresseux, ou qui leur donneront de graves sujets de mécontentement : facilité qu'ils n'avaient pas avec des esclaves.

Le *quatrième avantage* des nègres était qu'en faisant leur acquisition, les Colons n'achetaient pas seulement les individus, mais aussi toute leur progéniture, qui devenait leur propriété; de manière que le nombre de leurs cultivateurs augmentait annuellement sans nouveaux frais d'acquisition, et qu'ils pouvaient conséquemment entreprendre progressivement des cultures plus étendues, multiplier leurs productions, et enrichir par là la métropole de ces nombreuses et lucratives cargaisons, qu'ils avaient lancées alors dans le commerce.

— Mais on pourra répondre à cet argument : que, n'ayant plus besoin d'un aussi grand nombre de cultivateurs, par l'usage de la charrue, on n'aura pas non plus besoin de mettre tant d'importance à leur multiplication, et que si les besoins de la colonie en exigeaient impérieusement l'augmentation, des lois sages pourraient attacher à l'habitation (si le Colon le désirait) les enfans des ouvriers, qui y trouveraient leur subsistance, sous des conditions justes et équitables; de manière que les lacunes des décédés seraient constamment remplies, et que les établissemens ne languiraient jamais par des diminutions de cultivateurs; lesquels ne coûteraient plus alors les anciens frais considérables d'acquisition.

Si leurs pères avaient servi dans une même habitation, pendant un nombre d'années déterminé, avec zèle et fidélité, ils pourraient acquérir pour récompense (moyennant des certificats de bonne conduite), le droit de demander à S. M. la concession d'une portion de terres proportionnée à la durée de leur service et à leur mérite, afin de les cultiver ensuite à leur bénéfice.

Leurs enfans acquerraient successivement les mêmes droits, et c'est ainsi que la colonie s'agrandirait peu à peu, que les quartiers se peupleraient de plus en plus d'hommes instruits, et exercés par l'habitude dans ses travaux et leur gestion; que l'industrie se perfectionnerait et prendrait un nouvel essor, et que le commerce enfin s'étendrait de manière à répandre bientôt l'aisance, la prospérité et la richesse dans toute la Guyane.

Ainsi le succès de la colonie deviendra nécessairement beaucoup plus rapide par des hommes libres, encouragés par l'espoir de devenir un jour propriétaires eux-mêmes, et la perspective d'un avenir heureux et lucratif, qu'il ne pouvait le devenir par la culture des nègres.

Ceux-ci sont de plus naturellement paresseux, peu industrieux, d'une intelligence médiocre, quoique doués d'ailleurs de bonnes qualités; tandis que les blancs (surtout de la nation française), sont pour la plupart instruits, habiles, actifs et laborieux, habitués au travail et ingénieux; qu'ils surpassent infiniment les premiers en talens et en lumières, et qu'ils pourront conséquemment mieux contribuer à exploiter ces terrains avec tous les avantages possibles.

Ajoutons à cela : que, pour cette raison, les propriétaires pourraient désormais être plus tranquilles sur le compte de leurs ouvriers, puisque les propres intérêts de ceux-ci les engageraient à faire tout ce qui pourrait contribuer à la satisfaction des premiers ; motif que n'avaient eu en aucune manière les nègres : de sorte qu'on pouvait dire alors avec raison, que, si ceux-ci étaient les esclaves corporels de leurs maîtres, ces chefs devenaient à leur tour, pour leur propre intérêt, les esclaves spirituels de leurs subordonnés, par une surveillance continuelle, rigoureuse, et une police-sévère ; et qu'ils étaient par là exposés à mille désagrémens et chagrins, qu'ils n'auront plus à essuyer avec une liberté réciproque (1).

Les cultivateurs seraient attachés à l'habitation par un engagement légal, revêtu de toutes les formes judiciaires, et rédigé d'après les conditions, dont ils seraient convenus.

------

(1) On sera peut-être étonné de voir que, quoique défendant à la fin de ce Mémoire, la traite des nègres, en cas de nécessité ; je penche à présent en faveur du service libre. Mais j'ai cru de mon devoir, de présenter avec impartialité le pour et le contre de chaque état de choses, (en supposant la première abolie), afin que le Gouvernement puisse décider, dans sa sagesse, auquel des deux il devra donner la préférence.

Cet engagement serait signé de part et d'autre devant notaire, ou toute autre autorité constituée , et les juges de paix auraient l'œil sur sa stricte exécution.

Leur sort dépendra entièrement de leur conduite. Assujettis au même travail, ce sort sera peut-être souvent moins heureux que celui des esclaves, (quoiqu'en dise la prévention 1); parce que les propriétaires les regarderont, pour la plupart, comme des mercenaires étrangers à leurs propriétés, et qui n'y tiendront que par un fil , qu'ils pourront rompre tôt ou tard; tandis que les anciens Colons de Saint-Domingue regardaient leurs nègres comme parties intégrantes de leurs familles, et comme leurs *propriétés*, de la conservation desquelles ils avaient naturellement plus de soin (vu que leur mort leur occasionait de grandes pertes), que les nouveaux planteurs n'en auront probablement pour des serviteurs salariés, qu'ils ne regarderont plus comme leur appartenant, et dont la perte n'attaquera plus en aucune manière leurs finances.

Car chaque Colon de Saint-Domingue entretenait dans l'enceinte de son établissement, une *infirmerie*, avec un médecin-chirurgien attitré ; infirmerie, dont les frais étaient considérables, et où tous les soins étaient prodigués aux esclaves malades , à leurs femmes en couche et à leurs enfans; tels qu'on les donne ordi-

----

(1) J'invite le Lecteur à lire le parallèle intéressant et vrai, que M. *Malouet* fait entre ces deux conditions, et que nous avons extrait à la fin de ce Mémoire.

nairement à tout ce qu'on envisage comme sa propriété ; infirmeries, qu'on n'établira peut-être pas de
sitôt à la Guyane, à moins que le Gouvernement n'y
intervienne.

De plus : des journaliers et des hommes gagés libres
seront incertains de leur avenir et de leur sort dans
la *vieillesse*, ainsi que de celui de leurs femmes et de
leurs enfans ; tandis que les nègres étaient exempts
de ces soucis, lesquels sont ordinairement les plus
cuisans de la vie ; et qu'ils jouissaient de cette tranquillité d'esprit, qui fait la principale partie du bonheur de l'homme.

Mais trouvera-t-on aisément des blancs, qui voudront s'engager pour ces travaux ?

On pourra y répondre : que la Nouvelle-Angleterre
reçoit annuellement des bâtimens qui amènent des
familles de l'Europe, émigrantes, et qui s'engagent
pour leur temps et pour leur travail, pendant un
nombre fixe d'années, comme des soldats s'engagent
pour le service militaire.

On lit dans le Constitutionnel du 3 janvier 1821 :
« Qu'il est arrivé à Québec onze mille deux cent trente-
» neuf planteurs sur trois cent soixante-quinze navires,
» dont le port total était de 146,244 tonneaux ». Et
pourquoi ne s'en présenterait-il pas aussi pour un sol
beaucoup plus productif et un climat plus agréable,
et qui offre plus de ressources pour leur fortune
future ?

On les traiterait, comme on traite les ouvriers en

Europe, en leur donnant des heures de repos (suivant l'ardeur du soleil), et laissant les dimanches à leur disposition.

Mais, lorsqu'ils seront arrivés là, pourront-ils supporter le *climat*, et n'en deviendront-ils pas les victimes ?

C'est une question de la plus haute importance, qui mérite d'être approfondie scrupuleusement : question vague et indéfinie, qui laisse une latitude sans bornes à tous les jeux de l'imagination, et qui nous oblige conséquemment à l'aborder avec franchise, et à l'examiner dans tous ses détails.

Lorsqu'on voit des voyageurs de toutes les nations, non-seulement parcourir avec rapidité tous les climats, où ils éprouvent journellement une autre influence de l'air et de la nourriture; mais séjourner même quelquefois pendant des années entières dans des régions très-différentes et souvent opposées à leur climat natal, et cela sans aucun inconvénient; lorsqu'on voit des marins et tant d'hommes célèbres, faire le tour du monde, et en revenir sans la moindre atteinte portée à leur santé; on est tenté de se demander, si effectivement c'est le changement de climat, par lui-même, qui peut y porter autant de ravages, qu'on en suppose vulgairement; ou si ce ne sont pas, pour la plupart, des causes accessoires et étrangères à ces climats, qui les provoquent ?

Examinons conséquemment la question de plus près.

Il me semble qu'on pourra réduire l'influence des climats, bien analysée, à ces quatre points principaux :

1°. A la qualité de l'atmosphère supérieure ;

2°. Aux exhalaisons insensibles de la terre ;

3°. A la température de l'air ;

4°. A la qualité des plantes nutritives.

Nous allons les examiner successivement.

I. Les vents, qui semblent être le lien général de tous les climats, en confondant leurs atmosphères, les mettent, pour ainsi dire, à l'unisson : ces vents se portent partout, d'une extrémité à l'autre, communiquant une influence égale, tantôt purifiante, tantôt corruptrice, aux sphères de toutes les contrées, et atteignent également les habitans de tous les pays : de manière que, dans telle région qu'on se transporte, on en reçoit toujours la même influence ; qu'aucune atmosphère (supérieure) ne paraît être plus nuisible que l'autre, et que la différence spécifique qui existe entre elles, ne paraît pas provenir de l'air même ; mais des différentes exhalaisons de la terre, qui séjournent dans la partie inférieure des atmosphères.

II. Mais ces exhalaisons ne sont que *locales* et particulières à tel ou tel site ; comme l'air des montagnes est partout différent de celui des plaines et de celui du voisinage des rivières ; elles ne sont donc pas les mêmes dans toute une contrée , et encore moins dans toute une province , et ne peuvent conséquemment pas être attribués au climat; car, partout et dans tous les pays, il y a des endroits humides, des terrains sablonneux, pierreux, etc., qui varient avec des nuances infinies, et dont les vapeurs, attirées par le soleil, acquièrent autant de différentes qualités.

Un pays entier est donc plus ou moins sain, en raison de la quantité de terres étouffées par des forêts, inaccessibles à l'action des vents et du soleil; ou des terres exposées librement à leur jeu mutuel. Mais dès qu'on aura écarté des premières, par des moyens indiqués ci-dessus, tous les obstacles qui empêchent ce libre jeu, ou qui y entretiennent une trop grande humidité, et s'opposent à ce que toutes les exhalaisons malsaines puissent être emportées par les vents; on aura rendu toutes les contrées de la Guyane aussi salubres, qu'elles peuvent l'être sous tous les autres climats. Car les hommes peuvent vivre et être très-bien portans dans tous les pays.

III. Mais il se présente encore une autre objection, prise de l'excessive *chaleur* à laquelle la position de la Guyane est exposée. Sans doute celle-ci paraît spécieuse; mais si l'on considère, que les Européens peuvent supporter toutes les températures, depuis la plus chaude jusqu'à la plus froide, et même la plus humide (en prenant toutefois, et surtout au commencement, les précautions convenables à chacune); et que, si les chaleurs incommodent quelquefois, elles ne le font pas plus en Amérique, que dans tout autre endroit, où la même température a lieu ; que conséquemment la différence des pays n'y a aucun rapport, l'objection perd toute sa force. Il ne s'agit donc plus que de constater, si des blancs ne soutiennent pas parfaitement bien en Europe des chaleurs excessives et à peu près équivalentes, ou peut-être même supérieures à celles de la Guyane ?

Ne voyons-nous pas dans nos contrées, des arts et des métiers, dont les ouvriers et les artisans sont exposés presque toujours aux plus hautes températures, sans inconvénient pour leur santé? Les garçons boulangers, par exemple, ne sont-ils pas obligés de passer des nuits entières, et à des heures fixes, devant un feu continuel et ardent?

Les ouvriers dans les verreries, dans les manufactures de porcelaine, dans les fonderies en grand, dans les arsenaux, dans les usines, etc., ne fournissent-ils pas des exemples bien frappans, que les blancs peuvent supporter sans danger, des températures, peut-être quelquefois encore supérieures à celles de la Guyane ?

Mais les blancs sont également susceptibles de vivre dans de très-grandes humidités : car ne voyons-nous pas les mineurs dans les mines, passer presque toute leur vie dans ces antres souterrains, pénétrés d'humidité, où ils respirent continuellement tous les miasmes qui s'en exhalent, et parvenir cependant pour la plupart au terme ordinaire de la vie?

Or dira-t-on : que c'est l'habitude qui fait tout chez

l'homme ; et que ce n'est que le passage *subit* de l'une à l'autre température , qui est la cause des ravages , dont on se plaint !

Mais, pour prévenir ceux-ci, n'est-on pas également ment obligé dans nos pays, à prendre les précautions nécessaires à chaque changement subit de saison ? faute de quoi l'on risque d'en devenir également la victime, de même que dans des pays lointains. L'excessive chaleur fait d'ailleurs infiniment moins de tort à la santé, que le trop grand froid, ou une excessive humidité.

Mais ce passage subit ne produit pas même généralement et chez tous les hommes, les mêmes effets nuisibles.

Car, combien de fois un voyageur n'est-il pas obligé de passer rapidement d'une extrémité de l'Europe à l'autre ? Les négocians et les marins ne parcourent-ils pas impunément tous les pays du monde, et le commerce n'appelle-t-il pas alternativement des Européens, en Afrique, en Amérique, à la Chine, aux Indes, etc., pour retourner de là en Europe ?

Les nègres de l'Afrique, qui sont arrivés en France, ne vivent-ils pas bien dans nos climats tempérés ? et pourquoi ne supporterions-nous pas également bien la même différence de température, en sens inverse ?

IV. Mais la différence des *plantes*, qui servent de nourriture dans ces pays (telles que les patates, les bananes, les ignames, les maniocs, les giromons, etc.), ne pourra-t-elle pas faire des changemens notables dans la constitution des nouveaux habitans, et faire quelque révolution dans leur organisation ?

Cela pourrait être, si leurs principes constitutifs et leurs qualités différaient essentiellement de ceux des végétaux, dont nous sommes habitués à nous nourrir dans nos contrées; mais dès que ces principes s'en approchent, ou leur sont analogues, comme il y a tout lieu de le supposer, puisque la nature physique de l'homme est partout la même, et qu'elle ne peut se nourrir que de particules homogènes, et si ceux-là ne l'étaient pas, ils ne pourraient pas servir de nourriture aux indigènes et aux habitans actuels de la Guyane; or, puisqu'ils le sont, il n'y a point de risque pour la suite.

Comme cependant des constitutions délicates (surtout celles du sexe), pourraient en être affectées dans le commencement, on pourrait emporter des vivres suffisans de l'Europe, au moins pour un an ; afin que toutes les constitutions eussent le temps de se familiariser avec ces plantes, et de s'habituer à leurs qualités, tellement, qu'elles pussent devenir à la fin, au besoin, leur nourriture ordinaire : car le Créateur a disposé le physique de l'homme de manière, qu'il peut s'habituer à toutes les nourritures, pourvu qu'il le fasse graduellement et progressivement. Et pourquoi ne le pourrait-il pas, puisque, par cette voie, il peut même parvenir à supporter à la longue, ce qui dans le commencement lui était le plus nuisible, et jusqu'à pouvoir à la fin, (je compare les extrêmes), faire usage impunément des plus forts poisons.

Mais on pourrait prévenir encore tous les effets possibles de ces changemens, en commençant par y cultiver, aussitôt après l'arrivée, tous nos vivres européens, tels que le blé et tous les farineux, nos légumes, nos fruits et la vigne, etc., de même que nos bestiaux; de manière que le corps ne s'écarterait jamais par là de sa nourriture ordinaire, et que le régime habituel ne serait pas interrompu.

Cette culture de première nécessité assurerait non-seulement aux nouveaux habitans, les ressources nécessaires pour satisfaire dès la seconde année, les premiers besoins de la vie; mais elle leur promettrait encore, en attendant le produit des grandes cultures, un certain revenu de la vente de leur superflu, dans les Antilles, où on a été obligé de s'approvisionner jusqu'ici par la Nouvelle-Angleterre.

De tout ce qui a été dit plus haut, il résulte donc que les maladies survenues à la suite d'un changement de pays, doivent être moins attribuées à la différence du climat, qu'à des causes accessoires, soit morales, soit physiques, qui se trouvaient déjà chez les individus, comme il en arrive de même en Europe. C'est ainsi qu'on a des exemples de plusieurs époques, où des nègres transportés des côtes de l'Afrique, dans les Antilles, (c'est-à-dire, dans une température très-peu différente, et avec une nourriture semblable), ont été atteints peu de temps après, de maladies mortelles; au point, que des Colons de Saint-Domingue ont perdu quelquefois six nègres, sur une dixaine qu'ils avaient achetés; maladies que, faute d'en avoir connu la véritable cause, on avait faussement attribuées, au climat, ou au manque de soins de leurs maîtres.

Il faut très-peu de choses en Europe, comme dans tous les pays du monde, pour que, dans une constitution déja altérée, un germe de maladie, qu'on avait porté dans son sein déjà depuis nombre d'années, se déclare tout d'un coup avec les symptômes les plus effrayans, et enlève quelquefois le malade! Combien de fois les médecins n'en voient-ils pas des exemples frappans dans nos climats? un coup d'air, une fausse digestion, une altération subite, ne développent-ils pas également parmi nous des maladies, dont les mêmes individus n'auraient pas été atteints dans toute autre disposition de leur corps?

Mais une autre cause, qui a souvent enlevé des individus débarqués pour habiter ces régions brûlantes, était leur *inconduite*. Des hommes arrivés subitement dans ces pays prodigues en tout ce qui peut contribuer à la nourriture et aux agrémens physiques de la vie, se sont livrés dans la première effusion de leur joie, à tous les genres d'excès; à la boisson excessive de liqueurs spiritueuses, à la débauche, etc., et ont contracté par là nombre de maladies, parmi lesquelles il y en avait souvent de cachées (1), qu'on

____

(1) Telle, entre autres, que la syphilis, la gale répercutée, etc., etc.

a attribuées ensuite injustement, à l'influence du climat.

Mais on devient également la victime d'une semblable conduite dans nos contrées. — Ainsi, dès que le pays sera suffisamment aéré, afin que les vents puissent y circuler librement, et enlever tous les miasmes putrides de l'atmosphère inférieure, et que les marais seront desséchés ; si les nouveaux habitans ne porteront pas dans les contrées de la Guyane, le germe de maladies futures, qui leur deviendraient également funestes dans nos climats ; et qu'ils ne s'y livreront à aucun excès ; ils y demeureront tout aussi bien portans qu'ils l'eussent été en Europe ; d'autant plus, que (comme nous l'avons dit plus haut) la fièvre jaune y est inconnue (1), et ils seront à l'abri de toute la prétendue mauvaise influence du climat. Et s'il se trouvait dans le grand nombre quelques constitutions délicates, susceptibles d'être un peu affectées dans le commencement, en prenant les précautions dont nous avons parlé, il n'y aura point de doute qu'elles ne s'habitueront bientôt à ce climat ; puisque notre constitution supporte plus aisément un excès de chaleur, qu'un excès de froid.

Mais il existe une preuve irrécusable, que les blancs peuvent parfaitement supporter le climat de la Guyane, et que conséquemment ses terres peuvent être également bien cultivées par eux, comme par des noirs ;

______

(1) Voyez le Moniteur du 6 juillet 1821.

cette preuve résulte non-seulement du fait, qu'il y existe déjà un très-grand nombre de Colons blancs; mais que ceux-ci invitent encore d'autres Européens à s'y établir, par l'attrait du climat, la salubrité de l'air, et la fertilité du terrain. Cette invitation se trouve dans une lettre insérée dans un journal de Cayenne, dont on trouve un extrait dans le *Constitutionnel* du 14 août 1820.

Nous croyons faire plaisir à nos Lecteurs, en leur en donnant communication.

On y lit :

« Il nous est parvenu quelques journaux de Cayenne,
» dont nous tirons les détails suivans :

» Il s'est formé, pour travailler à tout ce qui peut
» concourir au développement de la prospérité de
» cette importante colonie, une société libre, dite
» *d'instruction*. Cette société propose aux principaux
» Colons, pour seconder les vues du Gouvernement,
» de préparer, sur les immenses territoires qui for-
» ment leurs propriétés, des cases entourées d'arbres
» fruitiers, et d'un jardin légumier, où seraient re-
» çues, à leur arrivée, les familles des cultivateurs
» venant de France. Ces nouveaux Colons auraient
» dix ans, pour rembourser ces avances, et ils pour-
» raient aussi s'acquitter par une prestation en na-
» ture. M. le gouverneur a donné son approbation
» à ce plan; et, s'il est adopté par les riches habitans
» de Cayenne, il contribuera avec zèle, en ce qui
» le concerne, à en favoriser l'introduction.

» On ne sait peut-être pas en France, que les
» *terres hautes* de la Guyane française, sont aussi
» favorables à l'Européen qui voudrait s'y établir, par
» leur salubrité, que par leur admirable fécondité».

Et quant aux terres basses marécageuses, nous avons indiqué plus haut les moyens de les assainir, de même que les Hollandais y sont parvenus à Surinam.

Ainsi le faux préjugé adopté aveuglément et sans preuves, que des cultivateurs blancs ne pourraient pas supporter les travaux et le climat de la Guyane, est démenti complètement par ce fait, et par cette invitation.

Mais comme les cultivateurs n'y seraient pas engagés comme des esclaves; si des blancs ne suffisaient pas pour le commencement, on pourrait au surplus trouver encore une autre ressource dans les habitans indigènes du pays, déjà habitués au climat; et dans ces différentes peuplades indiennes, qui, quoique appelées sauvages, paraissent néanmoins être douées d'un excellent fond de caractère, de bonté, d'hospitalité et de justice; et qui ont même déjà reçu un commencement de civilisation : car nous lisons (1), que le père Lombard (missionnaire) a réuni en 1720 une peuplade formée, pour la plus grande partie des Galibis, à l'embouchure de la rivière de Kourou, à quatorze lieues de Cayenne, et qu'il a réussi à y bâtir

(1) Voyez *Mémoires géographiques, physiques et historiques sur l'Asie, l'Afrique et l'Amérique*, etc. Paris, 1767, vol. IV, p. 165.

un village et une église. Ces habitations sont de plus fortifiées par des palissades, des petites redoutes et des espèces de bastions; toutes les rues sont tirées au cordeau, et aboutissent à une grande place, au milieu de laquelle est bâtie l'église (1).

Une autre peuplade était réunie à Oya-Pock, et environnée de différentes nations; entre autres, des *Maraones*, des *Maourions*, des *Touyanes*, des *Palikours*, des *Mayes*, des *Karanarious*, etc.

Une troisième habite près de la rivière d'*Aprouague*, entre l'île de *Cayenne* et *Oya-Pock* (2).

Les *Tacoyénes*, les *Maraones* et les *Maourions* séjournent sur les bords de l'*Ouanari*, à quelques lieues du fort de Cayenne (3).

Dans les savanes, aux environs de *Couripi*, on trouve les *Palicours*, les *Caranarious* et les *Mayets* (4).

Entre la rivière Camopi et le fort de Cayenne, il y a jusqu'à la distance de quatre journées, beaucoup de nations indiennes éparses, dont les principales sont : les *Caranes*, les *Pirious* et les *Acoquas*.

A cinq ou six journées au delà, il y a les *Macapas*, les *Ouayes*, les *Tarripis* et les *Pirious* (5).

---

(1) Voyez *Mémoires géographiques, physiques et historiques sur l'Asie, l'Afrique et l'Amérique*, etc. Paris, 1767, vol. IV, pag. 165, 166.

(2) *Ibid.* pag. 167.

(3) *Ibid.* pag. 168.

(4) *Ibid.*

(5) *Ibid.* pag. 169.

A sept journées du fort, il y a les *Palauques*, les *Ouens*, les *Tarripis*, les *Pirious*, les *Coussanis* et les *Macouanis*.

A deux cents lieues du fort Oya-Pock, il y a (1) les *Amikouanes*, et en deçà, vers le haut de la rivière Oya-Pock, les *Aromagotas*, les *Palusaks*, les *Tarripis*, les *Oyayes*, les *Pirious*, les *Coustumis*, les *Acoquas*, les *Caranes*. Sur les côtes il se trouve les *Palicours*, les *Mayes*, les *Karanarious*, les *Coussaris* (2), les *Toukouyanes*, les *Roccorios* et les *Maraones* (3).

Par cette petite énumération, qui ne renferme pas à beaucoup près tous les naturels de la Guyane, puisque *M. Malouet* dit : que les villages indiens les plus nombreux sont du côté de la baie Vincent-Pinson : on voit au moins que ces différens peuples y sont en très-grand nombre, répandus sur toute la surface de la Guyane, et que si on parvient à les gagner, on trouvera des bras suffisans, pour seconder les travaux de la colonie.

Mais ici il se présente une question importante, qui est : de savoir, si ces Indiens voudront se résoudre à travailler dans nos établissemens ?

---

(1) Voyez *Mémoires géographiques, physiques et historiques sur l'Asie, l'Afrique et l'Amérique*, etc. Paris, 1767, vol. IV, pag. 170, 171.

(2) Voyez quelques détails sur les *Coussanis*, nation fort pauvre, qui mène une vie nomade. *Ibid.* pag. 181 et suivante.

(3) *Ibid.* pag. 171, 172.

M. Malouet dit (1) : « Que chez les sauvages tous
» s'accordent sur un seul point, qui est leur attache-
» ment aux coutumes de leurs pères, l'amour de la
» vie sauvage, et la résistance à la civilisation ».

Cette disposition semble présenter au premier abord
des difficultés insurmontables; cependant si on l'exa-
mine à fond, on voit qu'elle n'est que l'effet de l'habitude. Celle-ci est sans doute pour l'homme une seconde nature en tous les genres ; mais elle peut changer, quoique jamais brusquement, mais seulement
peu à peu, graduellement, et par la conviction et le
sentiment d'un *mieux-être*.

Or donnez à ces indigènes quelque salaire, amé-
liorez leur sort, procurez-leur quelques commo-
dités, gagnez-les par ces petits présens, qui leur
sont si agréables par la nouveauté ; faites-les jouir
de quelques douceurs de la vie : alors sentant bientôt leur mieux-être, ils changeront volontiers de
penchans et d'habitude, et s'empresseront d'adopter
celle à laquelle ils trouveront le plus d'avantages
et de plaisirs, et que vous aimerez à leur faire con-
tracter.

C'est par le bien en tout genre, que vous leur ferez,
que vous les fixerez dans vos établissemens, et ils
vous serviront alors plutôt de cœur et d'âme, que
comme des mercenaires. Ayez de l'indulgence pour

____

(1) Ouvr. cité, vol. I, pag. 60, 61.

leurs défauts ; ils en sentiront tout le prix ; ils en seront reconnaissans et s'en corrigeront plus volontiers. En général, appliquez-vous plus tôt à les *corriger* qu'à les punir ; ce que l'homme le plus brutal et le plus inepte peut faire ! Alors ils vous aimeront, et l'amour porte de meilleurs fruits que la crainte ; car l'expérience a prouvé que les punitions, surtout corporelles, ne rendaient beaucoup d'hommes, que plus mutins et plus haineux (1).

---

(1) Le Lecteur trouvera peut-être du plaisir à lire le récit en entier, d'une punition *morale*, dont M. *Malouet* a été témoin à Surinam. Il dit vol. V, p. 151 et suivantes :

« Oui certes, il est possible de concilier la justice et la bienfaisance avec un état de servitude nécessaire. J'en ai vu plusieurs exemples ; mais pour n'être point taxé de partialité en faveur des Colons français, c'est parmi les étrangers, que je prendrai celui que je vais citer, et dont le souvenir ne me revient point sans émotion.

Étant à Surinam, par ordre du roi, en 1777 , je parcourus cette belle colonie, et fus reçus chez tous les habitans, avec beaucoup d'égards et de bonté. J'allai dîner un jour chez madame Godefroi ; le gouverneur et les principaux membres de la régence y étaient invités ; cette femme respectable nous attendait, en se promenant sur le bord de la rivière. Nous arrivâmes en chaloupe : j'aperçus, en descendant à terre, un groupe de nègres à genoux, qui paraissaient m'adresser leur prière. Un d'eux, en effet, s'approcha de moi, et me supplia, en fondant en larmes, d'obtenir sa grâce. Il s'éloignait en baissant les yeux, à mesure que sa maîtresse venait à ma rencontre ; sa femme et ses enfans le suivaient en pleurant,

Quoique *M. Malouet* pense : qu'une population de blancs sans esclaves (1) paraît impraticable, cependant il n'en désespère pas , pourvu qu'on s'y prenne envers ces Indiens avec douceur , bienveillance et par la voie de la persuasion, des récompenses et non de l'esclavage. Si on voulait donc hâter et assurer le succès de la colonie, on pourrait officieusement dire à ses nouveaux habitans :

Colons de toutes les classes ! ne traitez pas ces *In-*

---

et en me tendant les mains. Cette scène de désolation, à mon début dans une maison étrangère, me parut un sinistre présage ; mais l'air de bonté, et l'accueil obligeant de madame Godefroi, me rassurèrent. Elle m'annonça que ce nègre avait fait une faute grave; mais qu'elle ne me refuserait pas son pardon; et la joie se répandit dans l'atelier, qui s'assembla autour de la famille affligée, pour la féliciter.

J'appris alors, que la plus forte punition infligée par madame Godefroi à ses esclaves, était de leur défendre de paraître en sa présence. Ce bannissement était la peine capitale.

Je n'ai rien vu de plus touchant que le spectacle de cette superbe habitation. C'était le séjour de la paix, du travail, de l'aisance et du bonheur.

Je parcourus les cases à nègres, dont la distribution répondait à la richesse de la maison principale.

Figurez-vous un village de cinq cents habitans, commodément logés, abondamment pourvus de tous les ustensiles de ménage, de toutes les choses nécessaires à la vie, sans inquiétude pour le lendemain, et ne se réunissant jamais, aux heures du travail, sans bénir avec acclamation leur maîtresse adorée ».

(1) Voyez l'ouvrage cité, vol. I, p. 475.

diens, ni vos autres subordonnés, comme des esclaves : ayez-en plutôt soin, comme vous l'avez de vos bras, car c'est par eux seulement, que vous pourrez faire réussir vos établissemens ; ne les fatiguez pas outre mesure, car l'homme ne peut jamais aller au delà de ses forces, et vous les conserverez ; toute fatigue excessive rejaillira de plus sur leurs travaux, et au lieu d'avancer, vous reculerez.

Traitez-les avec bienveillance et douceur, regardez-les comme faisant partie intégrante de vos établissemens, puisqu'ils doivent contribuer à votre prospérité ; pensez, que ce sont vos frères, qu'ils sont membres de la même grande famille humaine, à laquelle vous appartenez ; et que s'ils doivent coopérer à votre bien-être, vous devez le faire de même à leur égard. Soyez leurs protecteurs dans toutes les occasions, leurs confidens, leurs amis, leurs bienfaiteurs : aidez-les de vos bons conseils ; soyez les pacificateurs de leurs querelles ; maintenez le bon ordre, l'harmonie et la paix dans leurs ménages ; donnez-leur de bons préceptes, car ils seront bien aises d'acquérir par vous des lumières, et l'homme s'attache ordinairement à tous ceux, qui contribuent à son bonheur ; ils vous en seront reconnaissans, plus dévoués, et ils ne feront plus vos ouvrages par force, mais avec zèle, en s'intéressant sincèrement, à tout ce qui regardera votre félicité.

Ayez soin de leurs enfans, intéressez-vous à leur sort, veillez à leur instruction, inspirez-leur de bonne heure du respect pour l'Être suprême, pour leur Roi et leurs parens : dirigez-les dans le sentier de la morale et de la religion ; car le défaut de morale détruit les meilleurs établissemens tôt ou tard ; et peut-être les Hollandais doivent-ils en très-grande partie leur succès à cette observance : ce ne sera que par elle, que vous aurez des serviteurs fidèles, et auxquels vous pourrez vous fier. Faites-leur présenter cette religion, par des hommes que vous en chargerez, sous son véritable aspect, qui est aimable, et elle ne péut que l'être, puisqu'elle est fille du Ciel ; et vous les y attacherez (1).

Faites-leur voir, ce que chacun sent au fond de son cœur ; qu'elle offre le seul et unique m oyen de devenir vraiment heureux ; et qu'elle consiste moins dans des cérémonies extérieures, que dans les sentimens du cœur, dans l'amour envers son Créateur, et envers les hommes (2), et dans de bonnes actions réciproques.

Que les hommes, chargés de leur instruction, la mettent à la portée de leur conception, et qu'ils ne

---

(1) Mais ne croyez pas pouvoir leur en inspirer le goût avec du taffia, comme les premiers missionnaires l'ont fait. Voyez *Malouet,* ouvrage cité, vol. I, p. 47.

(2) Ainsi que je l'ai déjà dit d'une manière plus détaillée, dans mon Mémoire adressé au Consistoire, sur *une institution pieuse, qui peut devenir de la plus grande utilité pour l'État,* etc. Paris, 1811, (chez Treuttel et Würtz.)

leur parlent pas le langage élevé, que l'on tient en Europe ; car il est aisé d'enseigner cette religion, si l'on commence par la nature, pour passer du concret à l'abstrait ; tandis que si l'on commence par ce dernier, sans parler d'idées naturelles, qui lui servent de bases (1).; on devient inintelligible, quelquefois même pour des hommes faits., et on rebute.

M. Malouet dit : « Que ces Indiens sont bornés » (2); mais cela ne doit pas être un grand obstacle, car un grand nombre de nos paysans ne l'est-il pas également? et d'où viennent les lumières, si ce n'est de l'expérience et de l'instruction? et des hommes élevés dans les bois, ne s'occupant que de la chasse et de la pêche, et ne connaissant que leurs parens et leurs amis, où pourraient-ils puiser des lumières?

On pourrait cependant trouver chez eux quelques traces de la religion ; car leurs cérémonies et usages ont beaucoup de rapports avec ceux des Juifs (3). Ainsi qu'on ne désespère pas de leur conception, et

---

(1) On peut trouver un exemple de cette méthode, dans un petit ouvrage intéressant, intitulé : *Gumal* et *Lina*, en trois vol. ; chez les mêmes libraires.

(2) Voyez *Malouet*, ouvrage cité, vol. I, p. 55.

(3) Le père Fauque dit, dans la relation de ses voyages : « Qu'on remarque parmi ces peuples, tant de coutumes du peuple juif, qu'on ne peut s'empêcher de croire, qu'ils en descendent. » Voyez *Mémoires géographiques, physiques et historiques*, déjà citées, vol. IV, pag. 178.

de la culture possible de leur esprit, laquelle se fera là, comme elle se fait partout ailleurs.

Gardez-vous de donner de mauvais exemples à ces hommes de la nature, non encore corrompus, et qui vivent encore dans toute leur simplicité ; car ils vous mépriseraient : leur sens droit (1) leur ferait observer tous vos défauts, et ils apprécieront votre caractère et vos actions, sans que vous vous en appercevrez.

N'introduisez pas chez eux nos vices européens, avec notre civilisation ; car le mal en retomberait sur vous, et ils feraient tôt ou tard la perte de la colonie. Que les bonnes mœurs (2) au contraire, la paix, la concorde, la serviabilité, une bienveillance réciproque, et un bonheur général y règnent, et alors vos récoltes seront bénies ; car elles ne seront point arrosées de larmes, ni envenimées par des soupirs, ou des gémissemens ; mais ces subordonnés soigneront au contraire vos intérêts avec zèle, comme si c'était les leurs ; et ils travailleront avec gaieté de cœur, pour un maître qu'ils chériront et qu'ils adoreront

____

(1) *Malouet* dit, vol. I, p. 60 : « Ils ont le sens droit ; ils raisonnent peu, mais ils rendent avec beaucoup de précision, les idées, sur lesquelles leur jugement s'exerce. »

(2) M. *Malouet* dit, vol. V, p. 311 : « Ce sont plus les mœurs, que les lois, qui font prospérer l'agriculture et le commerce. »

comme leur protecteur, leur ami, leur bienfaiteur, à qui ils se dévoueront pour la vie.

C'est ainsi que, par des complaisances réitérées, vous avancerez le succès de la colonie, et que vous en hâterez la prospérité; et si de riches récoltes couronneront vos soins et leurs travaux, vous leur en ferez goûter les douceurs, par mille petits avantages, agrémens ou plaisirs, qui feront le charme de leur vie, leur feront oublier toutes leurs peines, et vous les attacheront encore bien davantage. Vous aurez la satisfaction, par cette succession de bienfaits, qui découleront de vos mains, de verser le bonheur dans leurs âmes, et ils vous le rendront au centuple, par leurs soins, leurs attentions, leur prévoyance studieuse à tout ce qui pourra vous être utile ou agréable, en faisant même au delà de leur devoir, et vous rendant des services, que vous n'obtiendriez souvent pas, à prix d'argent; parce qu'ils n'auront d'autres vues et d'autre but que d'avancer votre prospérité, dont une partie rejaillira sur eux-mêmes.

Leur amitié et leur attachement seront de plus un rempart (1) sûr, et invincible contre toutes les tentatives, que l'envie ou la jalousie pourraient entreprendre contre votre bien-être; vous ne risquerez jamais

______

(1) Les nègres de l'habitation de madame Godefroi à Surinam, (dont il a été parlé plus haut), étaient empressés à servir eux-mêmes de rempart, contre d'autres nègres-marrons, qui désertaient. Voyez *Malouet*, vol. V, p. 153.

de révolte ou d'insurrection ; mais les bénédictions vous suivront au contraire partout ; et vous vous convaincrez enfin, qu'on est toujours infiniment plus heureux, en faisant le bonheur des autres, qu'en ne visant exclusivement qu'au sien !

CHAPITRE VI.

Des fonds nécessaires.

Il s'en faut de beaucoup que les premières avances et les mises de fonds pour cet établissement à la Guyane, doivent être aussi considérables, qu'elles ont été nécessaires pour les autres colonisations, fondées sur le travail des nègres; car les premières acquisitions de ceux-ci ont exigé dès le commencement des capitaux excessifs, dont les nouveaux Colons seront dispensés ici (1); de manière qu'ils n'auront besoin de faire que les frais de leur première installation, de la construction de leurs habitations, de leur ameublement, de leurs ustensiles aratoires, etc., etc. : frais indispensables dans tout nouvel établissement, dans tel pays que ce puisse être, et qu'il leur fallait faire ailleurs, en sus des premiers.

Il n'auront donc besoin pour la première année

____

(1) **M.** *Malouet* dit : « Que les fonds, qui sont employés à l'achat des nègres, pourraient être l'aliment d'une industrie plus louable et plus productive ». Vol. V, p. 161.

que de sommes très-médiocres; et aussitôt que leur
première installation et leurs premières plantations
seront faites, ils n'auront plus que les dépenses cou-
rantes et journalières à faire, dont les principales seront sans doute le salaire de leurs cultivateurs et ouvriers. Celles-ci rentreront probablement avec usure
dès la première époque, vu que ce pays neuf offre tant
de ressources variées de toutes espèces, que dès le
commencement on peut déjà en tirer un très-bon bénéfice, et s'acquitter d'une partie des avances faites,
en attendant le produit des grandes cultures : ce bénéfice se trouvant constamment dans une proportion
graduellement croissante, avec les déboursés journaliers.

Il ne faudra conséquemment plus de ces grandes
compagnies exclusives, ruineuses, pour en former la
première base; et chaque Colon, suivant le crédit
que lui donnera son industrie, sa loyauté, son intelligence et sa capacité, trouvera aisément des capitalis-
tes disposés à lui faire autant d'avances, qu'il lui faudra, lesquelles seront acquittées à fur et mesure que
le produit de ses exploitations lui sera rentré, ainsi
que le font nos fermiers.

Les conditions de ces emprunts pourraient être faites, telles que je les ai indiquées dans mon premier
Mémoire, ou telles que chacun des contractans les
trouverait les plus avantageuses. Les légers frais que
le Gouvernement y mettra, pour l'assainissement de
l'air, et pour les autres travaux publics, nécessaires

dans tout pays qui doit être habité , et dont il veut tirer quelques avantages; ces légers frais, dis-je, lui rentreront au centuple dans la suite , par la nouvelle vie, que cette colonisation imprimera à tout le commerce français, l'accroissement des richesses nationales, la circulation beaucoup plus étendue de toutes nos productions françaises, soit territoriales, soit manufacturières; et les droits de tous les genres, que cette grande circulation ferait entrer dans le trésor public, dans tous les siècles futurs.

Ainsi cette grande difficulté, qui se présentait toujours sous une forme gigantesque, disparaît de même que toutes les autres; et rien ne s'oppose plus à la prompte réussite de cet établissement, qui fera une époque mémorable dans notre histoire, et éternisera autant la gloire de notre auguste Monarque, qu'il donnera une perpétuité sans bornes, à notre prospérité nationale.

CHAPITRE VII.

Des engrais éventuellement nécessaires.

LE terrain de la Guyane étant si excessivement bon, que *M. Malouet* a trouvé en *beaucoup* d'endroits, dans les quartiers de première qualité, un terreau de huit à quatorze pieds de profondeur, (ce qu'il confirme par nombre de passages), il ne sera pas épuisé de sitôt, et de long-temps il n'aura pas besoin d'être restauré par des engrais : conséquemment cette prévoyance est encore bien prématurée à l'égard de ces contrées fertiles ; mais comme dans d'autres quartiers ils ne présente peut-être pas partout une égale supériorité, il sera utile d'y suppléer au bout de quelques lustres ; et il ne paraîtra donc pas déplacé d'y porter quelque attention, et d'examiner si ce pays offrirait, en cas de besoin, des ressources suffisantes pour cet effet, et proportionnées à l'étendue du territoire.

Mais pour obtenir ces engrais, il présente encore les plus grandes facilités ; et des dispositions qui contribueront non-seulement à la fertilité, mais aussi à une autre branche de commerce très-lucrative, qui est celle des *ménageries,* et de la multiplication des animaux de toutes espèces (1).

Car la moitié à peu près de la côte de la Guyane française, offre des savanes ou prairies naturelles, qui donnent la plus grande latitude pour la nourriture des bestiaux, leur entretien, leur commerce et la fourniture de mille matières premières, que nos manufactures et nos différentes branches d'industrie sont obligées de retirer du règne animal.

Ces bestiaux serviront de plus à la consommation des habitans, ainsi que des cultivateurs, qui, dans ce pays chaud, ont besoin d'alimens substantiels,

---

(1) La grande quantité de rivières, qui fertilisent ce pays, ainsi que le voisinage de la mer, sur une côte de 140 lieues, favoriseront de plus, le commerce du *poisson salé.*

pour réparer leurs forces perdues par le travail : réparation, pour laquelle des végétaux ne suffisent pas. Ces alimens, pour lesquels cette disposition du pays offre la plus grande facilité, assurent à jamais le soutien de la colonie, et la possibilité d'en accroître le succès.

Les prairies mentionnées offriront de plus encore d'autres ressources, pour la culture des grains et d'autres alimens végétaux, pour laquelle l'usage de la charrue sera particulièrement précieux.

Mais indépendamment de ces grandes ressources pour l'engrais, chaque propriétaire pourra entretenir encore dans son habitation quantité d'animaux domestiques, qui y trouveront une nourriture abondante, et dont l'engrais, (joint à celui qu'il pourrait retirer des animaux de chacun de ses subordonnés), lui fournirait une quantité suffisante pour restaurer, en cas d'épuisement, ses terres, et les entretenir constamment dans un état productif et parfait.

Or, comme l'autre moitié de la côte renferme ces terres précieuses et si éminemment fécondes, dont nous venons de parler, et qui semblent réservées par la nature pour les *grandes cultures ;* qui les appellent même à grands cris; terres, que la bonté paternelle du Roi daignera sans doute concéder exclusivement aux infortunés Colons de Saint-Domingue, qui sont les plus versés dans ce genre de culture ; qui sont les plus propres à les exploiter pour le bien de la métropole, et qui ont d'ailleurs mérité cette pré-

férence à tant d'autres titres, ainsi que par leurs longs
et ineffables malheurs; comme cette autre moitié de
la côte, dis-je, renferme ces terres précieuses, il ar-
rivera que, grâce à cette disposition des terrains, les
deux cultures, celle des animaux et celle des végétaux, se prêteront un appui mutuel, et doubleront
et perpétueront par là pour toujours, la prospérité de
la colonie.

Mais outre ces engrais tirés des animaux, ce pays,
exposé autrefois à des explosions volcaniques (1), ne
peut que renfermer aussi nombre de terres, qui con-
tiennent des sels minéraux; tels que du nitre, de l'a-
cide sulfurique, renfermé dans le plâtre (qui est un
très-bon engrais), etc., etc., lesquels sels, en s'insi-
-nuant dans la terre productive, lui impriment non-
seulement une vivacité d'action, mais servent aussi à
la nourriture des différentes plantes, dont ces sels sont
destinés à faire une partie intégrante.

Ces terres ou substances imprégnées de sels minéraux, qu'on ne pourra que trouver avec le laps du
temps, les secours de profonds chimistes, et par les
essais d'agriculteurs instruits, dont les connaissances
seront secondées par les trésors scientifiques, renfer-
més dans les différens ouvrages des sociétés d'agriculture européennes; ces substances, dis-je, ou engrais, que donnera le règne minéral, pourront fournir
dans la suite des principes féconds pour l'agriculture,

____

(1) Voyez *Malouet*, vol. III, p. 249.

et contribuer à la découverte ou à la production de différentes *raretés* ou particularités, dont la possession restera peut-être exclusivement réservée à ce pays; indépendamment des autres trésors, que ces terres, si voisines des régions aurifères, qui autrefois ont enrichi une très-grande partie de l'Europe, pourront encore renfermer dans leurs entrailles.

La Guyane française présente donc non-seulement le plus brillant aspect sous le rapport des grandes cultures coloniales, pratiquées jusqu'ici; et elle offre même l'espoir de plus riches récoltes qu'on n'en a faites à Saint-Domingue, (à cause de la qualité vierge du sol, et l'extrême profondeur du terreau, qui couvre ses terres précieuses; profondeur, qui n'avait pas existé à beaucoup près dans cette île) : mais elle présente encore un aspect plus brillant par la perspective de pouvoir y cultiver et naturaliser chez nous les productions variées des Indes orientales, en *épiceries ;* telles que la vanille, le girofle, le poivre, la muscade, le thé, etc., etc.; productions, qui économiseront à la France annuellement plus de 40 millions, et y feront peut-être encore entrer un somme équivalente par le commerce.

Ainsi, elle présente toutes les dispositions propres à inspirer à la mère-patrie les plus flatteuses espérances, non-seulement pour les productions territoriales les plus abondantes et les plus lucratives; mais aussi pour toutes les autres branches du commerce français, lesquelles y prendraient un nouvel essor, et y trouveraient en même temps des débouchés, qui, en entretenant par des échanges un mouvement perpétuel avec la métropole, ranimeraient son négoce, et le retireraient peu à peu de cet état d'apathie et de langueur, dans lequel il a été plongé depuis la perte de l'île de Saint-Domingue.

La Guyane ouvrirait enfin à notre mère-patrie une nouvelle mine de richesses commerciales dans tous les genres; laquelle, exploitée convenablement par la finesse, l'intelligence et le génie des Français, éleverait, dans un nombre proportionné d'années, cet établissement à un tel degré de prospérité, qu'on lui assignerait un rang distingué parmi les plus célèbres, les plus florissantes et les plus riches colonies du globe (1).

CHAPITRE VIII.

RÉCAPITULATION.

Des moyens successifs, que l'on pourrait employer pour coloniser la Guyane française, dans le plus court délai.

La première opération ne pourrait sans doute être, sous tous les rapports, que l'exploration de toutes les terres incultes, qui se trouvent dans les

---

(1) M. *Malouet* prédit : Que la Guyane deviendra, dans son temps, la plus riche et la plus importante colonie de l'univers. Voyez l'ouvrage cité, vol. I, p. 75.

quartiers, assignés par S. M. pour être concédés aux Colons.

Cette opération ne pourrait s'exécuter que par des ingénieurs-géographes; et ceux-ci ne pourraient l'entreprendre convenablement, (vu les difficultés variées qui s'y présentent,) qu'en caravane.

Cette caravane pourrait être composée, ainsi qu'il a été dit plus haut, de six ingénieurs, habitans à Cayenne; accompagnés d'une compagnie de chasseurs armés, de sapeurs-ouvriers, pris de la garnison de la même ville, etc., etc. (Voyez P. II, chap. I, p. 37.)

MM. les ingénieurs leveraient provisoirement les plans en gros et en croquis, de toutes les terres incultes de ces quartiers.

Ils apporteraient ces plans à Cayenne; et là un conseil d'ingénieurs, présidé par le gouverneur de la province, et dirigé par les agricoles les plus instruits, les plus expérimentés et les plus judicieux de la colonie actuelle, délibérerait sur les bois, qu'il serait essentiel de laisser subsister pour l'usage des habitations; et sur ceux qui seraient superflus ou nuisibles, et dont la destruction (avec les précautions indiquées) pourrait contribuer à l'assainissement de l'atmosphère.

Ces bois étant définitivement déterminés, on ferait une seconde expédition destinée à mettre le feu tout autour et dans toute la circonférence de ces bois condamnés, *à la fois*, par les moyens indiqués ci-dessus, (et cela après avoir fait faire les tranchées de séparation préliminaires.)

Cette opération terminée, on retournerait à Cayenne, pour y attendre l'extinction totale de tous ces incendies.

Au bout de ce temps, les montagnes et les plaines étant dégarnies de tous les bois inutiles, d'immenses terrains couverts jusques là d'épaisses forêts, seraient mis à découvert; un air purifié circulerait librement partout, et les ingénieurs pourraient alors sans aucun danger pour leur santé, s'occuper à lever des plans exacts, précis et détaillés de tous les terrains incultes et sans propriétaires, qui se trouveraient dans les quartiers destinés pour les concessions.

Ils y joindraient en même temps des notices sur l'état physique de ces terres; afin que le Gouvernement puisse dans son cabinet juger des mesures à prendre à cet égard, et diriger toutes les opérations avec une parfaite connaissance de cause.

Ils dessineraient également sur ces plans, les directions qu'ils croiraient nécessaires à donner aux grands *fossés* ou *canaux*, destinés à rassembler et à éconduire dans les rivières, ou directement dans la mer, toutes les eaux des terres marécageuses; canaux, dans lesquels chaque propriétaire pourrait achever de dériver ensuite, par de petits canaux latéraux, les eaux, dont il aimerait à être débarrassé.

Ils y traceraient en même temps la direction des principales *routes*, ainsi que l'emplacement des *ponts* qu'ils croiraient nécessaires d'établir provisoirement; pour la communication des différentes habitations, et la facilité du commerce.

, 7 *

Ces plans, mis au net, seraient envoyés au Gouvernement dans la métropole, pour qu'il pût y faire
une répartition des terres vacantes, proportionnée au
terrain, que chaque ancien Colon de Saint-Domingue
avait possédé dans cette île : terrain, que S. M. par sa
munificence royale, daignera peut-être même encore
augmenter, en considération non-seulement de la non-
jouissance du produit de leurs anciennes propriétés ;
mais aussi de leurs incroyables souffrances, éprouvées
pendant le laps d'une génération entière.

Aussitôt que ces différentes directions des canaux,
des routes et des ponts seraient approuvées par le Gouvernement, les ingénieurs et les inspecteurs des ponts
et chaussées de Cayenne, les feraient exécuter, par les
hommes, que le Gouvernement jugerait à propos d'y
employer.

Ils y mettraient à profit, pour la confection des
canaux, les procédés, que les Hollandais nos voisins
y ont employés, et dont on trouve quelques détails
dans les Mémoires de M. *Malouet*.

On pourrait commencer par les fossés ; afin de laisser aux eaux le temps nécessaire de s'écouler, en attendant la confection des autres travaux.

Pendant tout le temps qui s'écoulerait par l'envoi
de ces plans à Paris, leur examen et leur approbation par le Gouvernement ; leur renvoi à Cayenne ;
la répartition des terres dans les bureaux ; le creusement des canaux, et l'établissement des ponts et routes ;
l'action simultanée de l'air, des vents et du soleil,
acheverait de pomper tout le restant de l'humidité,

qui pourrait se trouver encore dans la profondeur de la terre; tout le méphitisme en aura disparu, l'air sera devenu parfaitement pur et salubre; et on n'aura plus à risquer aucune maladie, occasionée par cette humidité tant redoutée.

On inviterait en même temps les pépiniéristes de l'île de Cayenne et tous les Colons qui y sont déjà établis, à ensemencer et à élever en très-grande quantité, des plants de tous les végétaux, qu'on se proposerait d'y cultiver; entre autres de la canne à sucre, du café, du girofle, du poivre, de la muscade, du thé, etc., etc., afin de pouvoir en fournir en quantité suffisante aux nouveaux Colons, aussitôt après leur arrivée.

Lorsque les ingénieurs auront fait part au Gouvernement, que toutes ces opérations nécessaires auront été terminées; et aussitôt que la distribution des terrains aura été faite dans les bureaux à Paris, on fera dans les journaux un appel à tous les ouvriers du continent, garçons jardiniers, cultivateurs, charpentiers et artisans de tous les états, qui voudront s'y établir; afin qu'ils se fassent enregistrer.

Aussitôt que leur nombre sera censé suffisant pour le commencement, le Gouvernement les fera embarquer en même temps que MM. les Colons. Ceux-ci seraient pourvus de charrues et de tous les instrumens aratoires indispensables; de même que du mobilier convenable pour leurs ménages; et de l'approvisionnement nécessaire, au moins pour une année.

Dans la traversée ces nouveaux habitans auraient

le temps et l'occasion de pouvoir connaître, examiner
et choisir ceux d'entre ces cultivateurs, qui leur con-
viendraient le mieux, sous le rapport du caractère et
des talens; afin de les attacher à leur habitation, et
de convenir en même temps avec eux, des conditions, sous lesquelles ils voudraient les prendre à leur
service.

Alors les Colons ou leur ayant-cause, en prenant
possession de leurs terrains respectifs, (que les ingénieurs leur désigneraient d'après leurs titres), trouveraient déjà toutes les difficultés physiques levées,
et se verraient aussitôt environnés d'un nombre suffisant d'ouvriers, propres à leur procurer en très-peu
de temps les récoltes les plus abondantes, non-seulement pour leur subsistance personnelle, mais aussi
les plus lucratives, pour leur commerce à venir.

Le défrichement serait fait avec la plus grande
facilité, par le moyen de ces bras, et par la charrue.

Ces Colons pourraient donc jouir alors d'un terrain
déjà préparé et desséché, et de communications aisées
dans un air salubre; et regagneraient en peu de temps
leurs fortunes perdues, avec infiniment moins d'inconvéniens, de gêne, et de dangers, qu'ils ne l'auraient
pu faire à Saint-Domingue: et le commerce de la France
aurait enfin la brillante perspective, de voir bientôt
refluer sur lui, les riches productions, dont cette terre
fertile récompenserait leurs travaux et leur industrie.

F I N.

A Versailles, ce 4 Août 1821.

APPENDICE.

OBSERVATIONS SUR LA TRAITE DES NÈGRES,
(EN CAS DE NÉCESSITÉ *).

Sɪ l'on veut abolir la traite des esclaves par un sentiment bien noble d'humanité, il faudrait, à ce qu'il me semble, commencer par aller à la source de l'esclavage, et pouvoir empêcher premièrement les petits souverains de l'Afrique de les rendre tels. Car aussi long-temps qu'ils continueront cet usage barbare, la traite des nègres, loin d'être un mal, pourra être envisagée plutôt comme une douceur et un bienfait pour ces infortunés; parce qu'elle les soustrait aux traitemens horribles, auxquels ils y sont exposés, et qu'elle les arrache au glaive de leurs véritables tyrans; et parce que, par son abolition, loin d'améliorer leur sort, on le rend au contraire infiniment plus malheureux, qu'il ne l'a été parmi les Colons.

Au lieu d'un acte d'humanité, on exerce donc plutôt envers eux la cruauté la plus barbare, en les aban-

(*) *Voyez* ce qui a été dit à ce sujet pages 8, 9, et suivantes.

donnant aux tourmens horribles, que leur font éprouver leurs ennemis les plus acharnés (1) qui se croient autorisés à en disposer absolument suivant leurs caprices, comme d'êtres inanimés et insensibles, qui sont leur propriété. Car ils exercent sur eux des actes de la plus infernale férocité et d'une vengeance d'autant plus atroce, qu'ils leur avaient fait plus de résistance à la guerre; s'imaginant, que les excès les plus abominables leur sont permis contre tous ceux, dont ils se sont rendus les maîtres par la force, et qui les auraient *traités de même* dans un cas semblable.

Ainsi l'abolition de la traite n'empêchant pas ces captifs de rester esclaves toute leur vie, et esclaves infiniment plus malheureux, (parce que dans leur pays ils sont condamnés à des travaux beaucoup plus pénibles), elle ne remédie pas au mal, que l'on veut faire disparaître, et l'on doit conséquemment savoir gré à ceux qui ont eu la première idée d'améliorer leur existence déplorable, en les utilisant, et les employant à des cultures aussi avantageuses à la métropole.

---

(1) L'auteur de l'ouvrage intitulé : Le *Cri des Africains*, dit, p. 55 et 56 : « Que leur sort est doux en Afrique; » mais il s'en faut de beaucoup, que ce soit généralement avéré. Car cela peut avoir lieu chez ceux, qui ont été achetés de gré à gré, pour le service domestique; mais non pas chez ceux, qui sont devenus esclaves par les lois de la guerre, et dans les combats. Et peut-il être doux chez une nation barbare, cruelle et féroce ?

L'abolition de la traite est un acte, qui produit deux maux bien graves : dont l'un est le non-soulagement de leur sort; et l'autre est celui d'être un obstacle au succès de toute *nouvelle colonie*, que les nations, qui ont adopté ce système, voudraient former *à l'avenir* dans telle île sauvage que ce soit, (où on ne pourrait pas employer la charrue), et dans laquelle elles voudraient introduire la civilisation (1).

Aussitôt que ces esclaves deviennent par leur nombre, à charge à leurs maîtres Africains, pour la nourriture et leur entretien, ces barbares les font périr, (quelquefois dans des tourmens affreux), n'ayant pas l'occasion de les utiliser; et l'espoir d'en tirer quelque profit par la *vente*, est le seul motif, qui les en empêche (2).

---

(1) Dans des habitations bien ordonnées à Saint-Domingue, les nègres faisaient ensemble tous les soirs leur *prière*; et aux dimanches, le plus ancien et le plus respecté d'entre eux, leur faisait une espèce d'exhortation, ou sermon sur leurs devoirs. — Est-ce qu'ils auraient joui de cette culture de l'âme, parmi les barbares de l'Afrique, et ne devrait-on pas porter ces exemples dans d'autres îles encore sauvages ?

Les nègres-marrons, échappés de la colonie de Surinam, sur les terres françaises, ont témoigné des sentimens religieux; car ils ont parlé de *la crainte de* Dieu, lorsqu'ils délibéraient entre eux, s'ils devaient tuer ou non, deux nègres, (Camoupi et Atis), envoyés vers eux. Voyez *Malouet*, ouvrage cité, vol. I, p. 236.

(2) Le sort de ces nègres est même adouci chez leurs

La traite était donc un grand bienfait pour l'humanité, non-seulement parce qu'elle conservait la vie à
un très-grand nombre d'individus, qui sans elle seraient
devenus les victimes de leurs vainqueurs ; mais aussi
parce qu'au lieu de les laisser périr ainsi misérable-
ment, elle rendait leur existence utile à la société, pour
laquelle elle aurait été perdue.

Qui ne voit donc pas avec la plus grande évidence,
que c'est améliorer leur sort, que de les arracher par
l'achat, à ce joug affreux et insupportable, sous lequel
ils gémiraient toute leur vie; pour les placer entre les
mains de propriétaires honnêtes, bienveillans, qui ne
sont pas, comme les premiers, leurs ennemis; qui
contribuent à leur civilisation, qui sont remplis d'honneur, pénétrés pour la plupart de sentimens religieux,
et qui d'ailleurs, pour leurs propres intérêts, sont
obligés de les traiter avec la plus grande humanité?

L'on peut de plus y ajouter encore un argument
décisif : qui est que, quand même la traite des nègres
cesserait avec les Européens, elle continuerait toujours au même degré, avec les Maures, les régences
barbaresques, l'empire de Maroc, la Perse, la Tur-
quie et toutes les autres nations du globe, qui, de toute
ancienneté, ont l'habitude et le besoin du service des
noirs; (1) nations, qui par une moindre concurrence,

---

maîtres Africains, par cet espoir ; parce qu'on n'aime pas
à dégrader sa marchandise.

(1) Voyez *Malouet*, ouvrage cité, vol. V, p. 139 et 140.

les acheteraient alors à meilleur marché, et conséquemment en plus grande quantité. De manière, qu'au lieu d'être vendus à des Européens, parmi lesquels ils seraient civilisés et apprendraient des principes d'ordre, de conduite et de religion, ils seraient livrés à des peuples à demi barbares, chez lesquels leur servitude serait vexatoire et cruelle, et qu'ils passeraient sur les bords de l'Euxin et dans tous les pays situés entre le Mont-Atlas et le Caucase.

Ainsi la traite resterait toujours la même, avec la différence, que leur sort n'en serait que plus aggravé et déplorable.

Ce n'est donc pas la traite des nègres qu'il serait nécessaire d'abolir, mais de bonnes lois répressives contre tous les abus, (1) et des ordonnances sagement faites sur leur régime et tout ce qui les concerne, (telles entre autres que celles données par Louis XIV sous le titre de *Code noir*); de bonnes lois répressives, dis-je, pourraient seules, étant strictement observées, concilier tous les intérêts (2).

On a vu (dans le chapitre des cultivateurs), et on

----

(1) Le même auteur dit à un autre endroit : « Le maître n'est à l'égard de ses nègres, qu'une espèce de magistrat subordonné et responsable aux lois de l'usage de son autorité. »

(2) M. *Malouet* dit, vol. V, p. 154 : « Qu'ayant été à Paramaribo, un boulanger, ayant dans un accès de colère, donné un coup de couteau à son esclave, dont celui-ci ne mourut pas, on instruisit le procès du maître, qui fut emprisonné, condamné au bannissement, et l'esclave affranchi ».

verra dans l'extrait suivant, que la plupart des Colons ne traitait pas leurs subordonnés comme des esclaves, mais comme de simples ouvriers ; et que ceux-ci n'en portaient que le *nom* : de plus, que leur sort était en général beaucoup plus heureux, que celui de nos journaliers et de nos paysans-ouvriers, et surtout des soldats de quelques puissances européennes, lesquels sont soumis à un régime beaucoup plus rigoureux.

Car si ce sort avait été aussi malheureux qu'on le prétend, ils se seraient révoltés long-temps auparavant, ayant eu toujours une grande supériorité par leur nombre et leurs forces, sur un seul maître ; et un seul boute-feu aurait suffi pour les mettre en combustion. Ils ne se seraient même pas encore révoltés jusqu'à présent, si des personnes étrangères aux habitations et aux intérêts coloniaux ne les eussent pas excités dans des vues d'intérêts particuliers ; de manière que ce seul fait prouve la bonté de leur position.

Et quant aux corrections, dont on se plaint, ne faut-il donc point de discipline dans un atelier aussi nombreux de deux ou trois cents hommes, non civilisés et sauvages ? Puisqu'il y a une discipline militaire sévère parmi des soldats, qui sont au moins civilisés ; discipline, sans laquelle cet ordre ne pourrait pas subsister ; pourquoi n'en faudrait-il pas aussi parmi des cultivateurs aussi nombreux, qui ne le sont point du tout ?

Il est donc arrivé, que si, parmi le grand nombre des propriétaires, il se commettait parfois (vu la diversité des caractères), quelques excès très-rares ; ceux qui avaient intérêt à l'abolition de la traite, les ont beaucoup trop exagérés ; et ont affecté de juger la généralité d'après quelques individus, qui en faisaient exception, afin de pouvoir détruire cet ordre de choses.

Si l'on voulait alléguer contre lui *l'entassement* excessif des esclaves dans les bâtimens de transport ; des lois sages, sévèrement exécutées, pourraient aisément prévenir cet abus, en fixant le nombre précis de nègres, qu'il serait permis d'emmener des ports sur chaque bâtiment négrier, proportionnellement à sa grandeur.

L'investigation sévère de la traite est même la seule cause de cet entassement excessif; car avant son abolition et les mesures rigoureuses prises à cet égard, on les transportait sur de grands bâtimens larges, spacieux, où ils étaient placés commodément, et où on faisait même de la musique, pour les égayer, et dissiper leurs craintes : tandis que depuis ces perquisitions maritimes, les négriers (regardés comme des contrebandiers), ne pouvaient plus les emmener que sur de petits bâtimens légers, mobiles, et d'une course rapide; afin de pouvoir plus aisément se soustraire aux poursuites : bâtimens, sur lesquels il fallait les entasser, afin de les cacher.

Qu'on n'en accuse donc pas la traite, mais uniquement les mesures sévères qu'on emploie contre elle ; et dès que cette inquisition maritime aurait cessé, et qu'on eût rendu pleine liberté à ces transports, on ne verrait plus, comme à présent, ces entassemens cruels et déchirans, qui changent ces bâtimens, forcément, en tombeaux flottans.

La mortalité qui arrive quelquefois parmi eux dans la traversée, provient pour la plupart de ce que, supposant aux Européens un caractère aussi féroce que le leur, et jugeant (ainsi que l'homme le fait ordinairement), de l'inconnu d'après le connu, et d'après ce qu'ils voient journellement sous leurs yeux; (c'est-à-dire, que leurs compatriotes ne les rendent esclaves que pour les dévorer), ils sont frappés de l'idée fantastique, que les Colons ne les achètent que pour les manger, et qu'ils n'y mettent même un si haut prix, que parce que (d'après leur opinion), ils croient trouver, comme eux, dans la chair des noirs, un goût exquis et délicat. De manière que, dans la traversée, ils se regardent comme des troupeaux, qu'on mène à la boucherie. C'est ce qui est évident par un passage de Mungo-Park, rapporté pag. 27 , du *Cri des Africains*, et que nous allons transcrire en entier : « Mungo-Park, accompagnant une caravane d'esclaves, causa avec eux, et trouva, qu'ils étaient d'un naturel curieux. Ils me questionnèrent beaucoup, dit-il; mais, dans le premier moment, ils ne me regardaient qu'avec horreur. Ils me demandaient *fréquemment*, s'il était vrai, que les blancs, mes compatriotes, mangeaient les hommes. Ils désiraient beaucoup, que je leur apprisse ce que devenaient les esclaves après avoir passé la mer. Je leur répondais,

qu'on les emploiait à cultiver la terre. Mais ils refu-
saient de me croire, et l'un d'eux frappant la terre
de sa main, me dit avec le plus grand sérieux : avez-
vous aussi dans votre pays une terre, comme celle
sur laquelle vous marchez actuellement ?

» C'est une idée fortement enracinée dans leur esprit, que les blancs n'achètent les esclaves que pour
les manger, ou pour les vendre pour le même usage (1). Aussi n'envisagent-ils qu'avec terreur, leur
voyage pour la côte, etc. »

Il n'est donc pas étonnant, que des observa-
teurs aient été témoins de scènes aussi désolantes
avant et après leur embarquement; et que beaucoup
d'entre eux se soient jetés dans la mer, dans des
accès de désespoir, causé par la crainte d'être égorgés
en arrivant; ce qu'on avait faussement attribué à de
mauvais traitemens.

C'est donc cette peur panique, et le chagrin secret
qui en est la suite , et qui les ronge jour et nuit, qui
en fait périr un si grand nombre dans la traversée ;
et la difficulté de les désabuser de ces idées chimériques, consiste en celle de se faire comprendre d'eux
dans des idiômes encore inconnus de ces différentes
peuplades; afin de leur donner une idée juste de l'a-
mélioration de leur sort dans les colonies.

---

(1) Cette idée est même si fortement enracinée chez eux,
que beaucoup de nègres, après leur arrivée, refusent de
prendre de la nourriture; de peur d'être mangés plus tôt.

Il serait cependant aisé de surmonter cette difficulté; en emmenant des colonies en Afrique, un nègre de chaque nation ou de chaque tribu ; afin d'expliquer à chaque peuplade dans son patois , le véritable état et le sort dont ils jouiront chez les européens ; et de leur détailler tous les avantages, qui les attendent chez des nations civilisées , (et qui seront détaillés ci-après). Cette explication ne pourrait pas manquer de leur inspirer le goût de s'engager librement; et on n'aurait plus besoin alors de prendre des précautions aussi rigoureuses, pour les emmener à bord des bâtimens.

Si de plus il était vrai , comme quelques personnes osent l'avancer, que les agens des marchands négriers se répandent dans l'intérieur de l'Afrique, et arrachent malgré eux , de leur sol natal , tous les individus dont ils peuvent s'emparer , pour les entraîner à l'esclavage ; ce serait certainement le comble de l'horreur et de l'atrocité : et alors seulement la traite serait la souillure du genre humain , en favorisant de pareilles rapines.

Si l'on était donc convaincu , que ces enlèvemens forcés arrivaient, on pourrait aisément en éluder les effets ; en fesant questionner , par une autorité constituée, dans les ports de départ ou d'arrivée, chaque individu emmené par des marchands négriers, pour être vendu, sur son état antérieur : et en obligeant en même temps les vendeurs, d'exhiber une attestation quelconque, faite d'après les usages de ce pays ; et confirmée par l'individu qui en est l'objet;

d'exhiber, dis-je, une attestation de celui dont ils l'auraient acheté, sans laquelle l'individu serait déclaré et protégé comme libre, renvoyé, et sa vente ne serait pas permise; n'ayant pas été esclave auparavant.

En cas de fraude, l'un démentirait certainement l'autre.

Par suite de cette obligation, on défendrait sévèrement l'embarquement ou le débarquement de tout nègre, dont le marchand n'aurait pas présenté un certificat d'acquisition, lequel lui servirait de passe-port.

On y excepterait le seul cas, où ils se seraient vendus eux-mêmes volontairement, pressés par la misère ou la cupidité; ainsi que nous en avons vu des exemples dans la dernière guerre, où la vente libre des hommes pour la *conscription*, était également légalisée; ainsi que l'était naguères encore celle des femmes en Angleterre.

Ainsi les adversaires de la traite ne trouveraient plus aucun prétexte pour justifier leur philosophie de cabinet, fallacieuse et *anti-philantropique,* (1); et elle pourrait conséquemment servir non-seulement l'humanité, en améliorant le sort des individus qui en sont l'objet; mais favoriser aussi les intérêts coloniaux, et ceux du commerce et de l'agriculture; et être tolérée

---

(1) Lorsque les principes de la philosophie ne sont pas fondés sur l'expérience, ils sont idéaux, chimériques, et conséquemment faux; et entraînent dans beaucoup d'erreurs et de fausses conséquences.

8

pour tous les pays éloignés, sauvages, incompatibles avec l'usage de la charrue, qui réclament une culture, et la civilisation ; afin d'y porter en même temps les lumières et la religion ; et de faire enfin de tous les peuples du globe un enchaînement de frères, qui par leurs diverses relations, se communiqueront mutuellement tous les biens physiques et moraux, dont la réunion pourra contribuer à leur bonheur commun.

EXTRAIT

DE L'OUVRAGE CITÉ DE M. MALOUET (1),

EXPOSANT

L'ÉTAT DES CI-DEVANT ESCLAVES A SAINT-DOMINGUE.

Ne raisonnons point par hypothèse, ne cherchons à nous éclairer, que par l'examen des *faits*.

A quoi sert au pauvre sa liberté, lorsqu'elle ne lui procure pas les moyens de subsister? Quelle est alors la sensation, dont il est le plus vivement agité? N'est-ce pas la douleur du besoin non satisfait? Croyez-vous qu'il s'en console par la conviction intérieure de sa liberté? en quoi trouvez-vous, que cet homme nécessiteux ressemble alors à un homme libre? N'éprouve-t-il pas le plus impérieux de tous les jougs, celui de la faim? N'est-il pas soumis à la volonté absolue de celui, dont il attend des secours? N'essuie-t-il pas sans murmurer, le reproche et le mépris, qui sont le partage de la misère? Son existence douloureuse et avilie, plus que celle de l'esclave utile à son maître, le rend-elle susceptible de cette énergie de

______

(1) Voyez vol. V, p. 34 et suivantes.

8 *

caractère, qui est propre à l'homme libre? et distingueriez-vous enfin sur le front de l'esclave qui ne manque de rien, un signe d'infériorité aux mendians qui nous abordent? Ne croyez pas, que j'en conclue contre eux, que la liberté soit un malheur, et l'esclavage une bonne institution. Il n'est pas question ici de définition; il s'agit de comparer dans l'un et l'autre état, deux classes d'hommes destinés, par l'ordre des choses, à supporter tout le poids des travaux pénibles; ainsi considérez-les dans leurs différens ateliers, et dans les différentes périodes de la vie.

A partir de l'enfance, le nègre est, comme vos petits paysans, dans le sein de sa famille, soumis à l'autorité paternelle; mais *plus soigné* et *mieux nourri* que les pauvres villageois. Devenu fort et laborieux, il commence malgré la servitude, à goûter le plaisir de l'amour, et le maître n'a aucun intérêt à contrarier ses goûts. Il a bientôt ceux de la propriété : on lui donne une basse-cour, des poules, un cochon, etc., et l'usufruit d'un jardin, d'une maison (ou case), et il dispose aussi librement de ses récoltes, que tout autre propriétaire. Il jouit, ainsi que moi, sur ma terre, de la chasse et de la pêche. Lorsqu'il a pris du poisson et du gibier, aux heures qui lui appartiennent, il les vend à qui bon lui semble, même à son maître (1). Il n'en est pas, qui ait l'atrocité de forcer un esclave de lui donner gratuitement,

____

(1) *Malouet,* vol. V, p. 42.

ou de lui vendre à bon marché, ses poules, ses légumes. Cette tyrannie serait bientôt punie par le
découragement de tout l'atelier ; et sur cela l'intérêt
personnel se joint à l'humanité.

Cet esclave vit donc habituellement dans sa famille,
dans sa maison, dans son champ, et se voit perpétuellement environné d'hommes de sa classe, dont les plus
industrieux et les plus sages arrivent souvent à une
grande aisance. Il a pour consolation le spectacle de
ses semblables, dont quelques-uns se procurent par
leur travail des jouissances de luxe : il a pour perspective la liberté, et de plus grandes jouissances, s'il
rend des services essentiels à son maître ; et enfin il
voit dans la *vieillesse* ses infirmités soignées, et ses
enfans parcourant la même carrière que lui, sans *inquiétude du besoin.*

Transportez-vous dans son atelier ; les chants ca-
dencés de cette troupe de laboureurs, ne vous pein-
dront point la misère et le désespoir. Voyez les aux
jours de fête ; leurs danses, leurs calenda, et la parure
de ceux qui ont de l'industrie, rassureront votre pitié.
Entrez surtout dans une habitation bien ordonnée, et
dont le maître est un honnête homme ; vous verrez,
si à l'aspect de leur maître et de sa famille, ses esclaves montrent de la tristesse, et l'effroi, qu'inspire
la vue d'un tyran.

Examinons maintenant vos villages, vos hameaux,
et les chaumières des pauvres paysans. Quel est le
sort de ceux, qui sont réduits à de petites propriétés,

lorsque la gelée ou la grêle ont ravagé leurs récoltes ; lorsqu'un incendie a consumé leurs granges, leurs maisons ; lorsqu'une épidémie a fait périr leurs bestiaux ; lorsque leurs femmes, leurs enfans et eux-mêmes sont tourmentés par la fièvre et le besoin ; lorsqu'accablés par les impôts, poursuivis par le collecteur, ils vendent pièce à pièce leurs ustensiles, leurs animaux, et finissent par abandonner leur village ?

Lequel de ces deux spectacles vous paraît le plus touchant ? de quel côté, croyez-vous, que réside le malheur de fait, et d'opinion ? Voilà pour les cultivateurs à petite propriété.

Mais ceux qui n'en ont pas, qui n'ont que leurs bras pour subsister, et qui, nés sans talens, sans intelligence pour s'en procurer, sont relégués dans les dernières classes de la société, avez-vous bien calculé toute l'amertume de leur pénible existence ? ne sont-ils pas dans la dépendance absolue des riches, pour leur subsistance et le travail ? Et le travail, qui est le seul acte de servitude, que nous exigeons de nos nègres, est pour les pauvres paysans, la *seule ressource, qu'ils invoquent.*

Chacun d'eux est à votre disposition pendant douze heures, pour .... sous, qui ne représentent que la subsistance frugale du manœuvre et de sa famille : sur quoi il faut déduire les jours d'inaction, de maladie, et les jours plus languissans encore d'une vieillesse infirme, que vous ne payez pas.

Comparez à cette condition celle du manœuvre africain : nous le faisons travailler comme vous , pour sa subsistance ; mais elle est plus *abondante* , car nous avons intérêt qu'il soit bien nourri. Si sa récolte lui manque, nous achetons des vivres , pour lui en fournir. Nous ne lui imputons pas les jours de maladie, nous en faisons les frais.

Nous n'abandonnons point sa *vieillesse* , car il est intéressant pour nous, que ses semblables se confient à nos soins, afin qu'ils nous servent avec zèle (1).

Si sa maison est incendiée , nous lui en construisons une autre. Son pécule enfin et le produit de son industrie, sont à lui, et quittes de tout tribut. Quel est donc le malheur de cette espèce d'individus , et où est l'injustice de leurs maîtres ? etc., etc.

Ce tableau naïf, tracé avec tout l'accent de la vérité, et avoué par tous ceux, qui ont fréquenté les colonies *françaises,* dément complètement tous ces bruits mensongers, et absurdes, que la méchanceté et la mauvaise foi se sont plues à répandre partout, sur le régime des Colons à l'égard de leurs nègres : bruits, que l'auteur du *Cri des Africains* n'a pas craint de répéter (p. 54 , 56)!!!

Ce tableau donne en même temps à juger à mes Lecteurs impartiaux , de quelle manière indigne et

---

(1) On voit par là, que l'intérêt des propriétaires était toujours intimement lié à celui de leurs subordonnés.

noire, les anciens Colons de Saint-Domingue ont été calomniés depuis trente ans !.... Ce qui prouve, qu'il suffit d'être malheureux, pour éprouver toujours ce même sort !

Je demande de plus, si ces esclaves eussent été aussi heureux en Afrique ? et si nos classes inférieures, nos journaliers, nos paysans-ouvriers, et nos soldats peuvent se louer d'une semblable existence ?... Mais on affecte de s'apitoyer sur le sort des Africains, beaucoup amélioré dans nos colonies (1), tandis qu'on reste glacé sur celui de tant d'infortunés Européens, qui nous environnent, et dont on pourrait adoucir la misère !

(Nous croyons faire plaisir à nos Lecteurs, en y ajoutant encore les observations suivantes de M. l'abbé Raynal.)

---

(1) Aucun de ces nègres n'a jamais voulu retourner dans sa patrie, lorsqu'on le lui a offert.

(121)

EXTRAIT

De l'ouvrage de M. l'abbé Raynal (1), *relatif au caractère des anciens Colons de Saint-Domingue, et des Créoles en général.*

L'intrépidité (des Créoles) s'est signalée à la guerre, par une continuité d'actions éclatantes. Il n'y aurait point de meilleurs soldats.

» L'histoire ne leur reproche aucune de ces lâchetés, de ces trahisons, de ces bassesses, qui souillent les annales de tous les peuples. A peine citerait-on un crime honteux, qu'ait commis un Créole.

» Tous les étrangers, sans exception, trouvent dans les îles une hospitalité prévenante et généreuse. Cette utile vertu se pratique avec une ostentation, qui prouve au moins l'honneur, qu'on y attache. Ce penchant naturel à la bienfaisance, exclut l'avarice.

» La dissimulation, les ruses, les soupçons n'entrent jamais dans leur âme.

» Glorieux de leur franchise, l'opinion qu'ils ont d'eux-mêmes, et leur extrême vivacité écartent de leur commerce, ces voiles et ces réserves, qui étouffent la bonté du caractère, éteignent l'esprit social, et la vie du sentiment.

» Enfin, une pénétration singulière, une prompte facilité à saisir toutes les idées, et à les rendre avec feu; la force de combiner, jointe au talent d'observer; un mélange heureux de toutes les qualités de l'esprit et du caractère, qui rend l'homme capable des plus grandes choses, peut leur faire tout entreprendre. »

______

(1) Voyez son Histoire philosophique et politique, etc., déjà citée, vol. IV, p. 278 et 279.

TABLE

DES MATIÈRES.

PREMIÈRE PARTIE.

Considérations générales sur les Colonies.

CHAPITRE PREMIER.

CHAPITRE II.

CHAPITRE III.

SECONDE PARTIE.

Moyens de coloniser promptement la Guyane française, (dans le cas, où la bonté paternelle de S. M. aurait daigné y accorder des concessions aux ci-devant Colons de Saint-Domingue).

CHAPITRE PREMIER.

CHAPITRE II.

ARTICLE PREMIER.

ARTICLE II.

ARTICLE III.

CHAPITRE III.

CHAPITRE IV.

CHAPITRE V.

CHAPITRE VI.

CHAPITRE VII.

CHAPITRE VIII.

RÉCAPITULATION

APPENDICE.

EXTRAIT

EXTRAIT

L.-É. HERHAN, IMPRIMEUR-STÉRÉOTYPE,
rue Servandoni, n°. 13, près Saint-Sulpice.